本书是2013年高等学校访问学者专业发展项目FX2013165"低碳经济背景下浙江纺织产业绿色贸易转型研究"成果

产业经济学理论
与产业升级实例研究

CHANYE JINGJIXUE LILUN
YU CHANYE SHENGJI SHILI YANJIU

梁媛媛 ◎ 著

中国水利水电出版社
www.waterpub.com.cn

内 容 提 要

本书的内容结构主要是按照产业结构调整的内在逻辑顺序来进行设计的。全书以产业经济学导论、前沿问题研究和新进展为主要研究背景,分别对产业组织、产业结构、产业关联布局、政府规制以及高技术产业发展等方面内容进行了详细而深入的探析。并在此研究基础上,对绍兴纺织产业升级进行了实例分析,有效地提升了全书的实用价值,能够为我国产业经济未来发展提供一定的指导作用。

图书在版编目(CIP)数据

产业经济学理论与产业升级实例研究 / 梁媛媛著. -- 北京:中国水利水电出版社,2015.6(2022.9重印)
ISBN 978-7-5170-3399-8

Ⅰ. ①产… Ⅱ. ①梁… Ⅲ. ①产业经济学-研究②产业结构升级-研究-中国 Ⅳ. ①F062.9②F121.3

中国版本图书馆CIP数据核字(2015)第163738号

策划编辑:杨庆川　责任编辑:陈 洁　封面设计:崔 蕾

书　　名	产业经济学理论与产业升级实例研究
作　　者	梁媛媛 著
出版发行	中国水利水电出版社 (北京市海淀区玉渊潭南路1号D座 100038) 网址:www.waterpub.com.cn E-mail:mchannel@263.net(万水) 　　　　sales@mwr.gov.cn 电话:(010)68545888(营销中心)、82562819(万水)
经　　售	北京科水图书销售有限公司 电话:(010)63202643、68545874 全国各地新华书店和相关出版物销售网点
排　　版	北京鑫海胜蓝数码科技有限公司
印　　刷	天津光之彩印刷有限公司
规　　格	170mm×240mm　16开本　15.5印张　201千字
版　　次	2015年11月第1版　2022年9月第2次印刷
印　　数	2001—3001册
定　　价	48.00元

凡购买我社图书,如有缺页、倒页、脱页的,本社发行部负责调换

版权所有·侵权必究

前　言

产业经济学是以"产业"为研究对象的一门研究学科,它主要研究不同产业之间的相互关系以及企业内部的发展与互动规律。产业经济学是我国改革开放、经济发展进行到一定程度后出现的,它的出现适应了时代的发展要求,符合社会发展的规律,对解决我国经济发展中存在的产业结构老旧、区域布局不合理以及产业政策有效性不足等问题具有指导性意义。

改革开放30多年来,我国经济迅速发展,社会主义市场经济的发展也越来越成熟,我国正朝着现代化社会高速前进。但是,由于计划经济体制遗留的问题在改革开放的初期没有得到有效的解决,加之当时对未来经济发展形势预估不足,在计划经济向市场经济转轨的过程中,一些问题逐渐暴露出来。这些问题如果得不到有效的解决,我国经济的发展必然会受其影响。在未来的发展中,我们必须要改变老旧的产业结构,大力发展高科技产业,推动我国产业结构的优化升级;必须要维护市场秩序的稳定性与市场竞争的公平性,将市场作为配置生产资源、稳定市场秩序、促进公平竞争的基础;必须要对宏观调控的方式和手段进行改变,尊重价值规律在市场经济中的基础性调节作用。本书立足于现实,着眼于我国经济产业结构优化与调整工作,希望能够为相关工作的进行和开展提供一定的参考和借鉴。

本书共分八章,对产业经济学的内容进行了系统的分析与研究。第一章介绍了产业与产业经济学的基本理论,包括产业及产业经济学的定义、学科体系以及研究意义等。第二章对当前产业经济学前沿问题研究及新进展进行了分析,主要包括企业、企业成长及关系网络问题以及国内外产业组织理论及其发展。第三章对产业组织理论进行了研究,主要内容有产业组织的分析方法和分析工具、产业组织的市场进入与退出以及网络经济环境下的产业组织分析等。第四章对产业结构理论进行了剖析,主要内容包括产业结构的演变、优化以及政策调整等。第五章是产业关联及布局的相关内容,主要包括企业的投入、产出分析,产业布局的内涵和影响因素。第六章对政府产业规制理论进行了研究,主要包括经济性规制与社会性规制两个方面的内容。第七章是高技术产业发展方面的内容,该章主要对高技术产业发展与产业结构升级、高技术产业发展的国际比较以及战略性新兴产业的发展进行了研究。第八章以绍兴纺织产业升级为实例,探索了在全球价值链视角下我国产业发展的具体情况和未来发展路径,有效地提高了本书的实用性和指导性。

  本书按照产业结构调整的内在逻辑对内容进行编排,十分注重理论内容的使用价值,并且特别注意相关理论知识在我国当前经济条件下的应用实践,对我国产业结构调整工作具有一定的参考价值。

  限于篇幅,本书未能将引用的资料一一标示出来,在此向这些前辈表示由衷的歉意。由于个人精力和学术水平的限制,本书虽已成稿但难以避免会出现一些问题,希望广大同行和读者能够及时指正。

作　者
2015 年 5 月

目 录

前言

第一章 产业与产业经济学导论 ……………………………… 1
 第一节 产业定义及其分类 ……………………………… 1
 第二节 产业经济学及其学科体系 ……………………… 8
 第三节 产业经济学的理论体系及研究方法 …………… 15
 第四节 产业经济学的研究意义 ………………………… 25

第二章 产业经济学前沿问题研究及新进展 ………………… 32
 第一节 企业、企业成长及关系网络问题研究 ………… 32
 第二节 产业集聚与集群问题研究 ……………………… 35
 第三节 国内产业组织理论研究新进展 ………………… 38
 第四节 国外产业组织理论研究新进展 ………………… 51

第三章 产业组织理论研究 …………………………………… 70
 第一节 产业组织的内涵与理论渊源 …………………… 70
 第二节 产业组织的市场进入与退出 …………………… 78
 第三节 网络经济下的产业组织分析 …………………… 85
 第四节 产业组织政策 …………………………………… 91

第四章 产业结构理论研究 …………………………………… 99
 第一节 产业结构理论概述 ……………………………… 99
 第二节 产业结构的演变 ………………………………… 104
 第三节 产业结构的优化 ………………………………… 116
 第四节 产业结构政策 …………………………………… 122

第五章　产业关联及布局理论研究 …………………… 132
第一节　产业关联内涵及分析方法 ………………… 132
第二节　投入、产出分析的主要内容及应用 ………… 142
第三节　产业布局的内涵及影响因素 ………………… 151

第六章　政府规制理论研究 ………………………… 157
第一节　政府规制的内涵 …………………………… 157
第二节　经济性规制理论研究 ……………………… 164
第三节　社会性规制理论研究 ……………………… 172

第七章　高技术产业发展研究 ……………………… 180
第一节　高技术与高技术产业 ……………………… 180
第二节　我国高技术产业发展与产业结构升级 ……… 185
第三节　高技术产业发展的国际比较 ………………… 188
第四节　战略性新兴产业及其发展 …………………… 200

第八章　全球价值链视角下绍兴纺织产业升级实例分析 …… 204
第一节　绍兴纺织产业发展历程与现状分析 ………… 204
第二节　绍兴纺织产业发展中存在的主要问题 ……… 214
第三节　绍兴纺织品出口现状及实证分析 …………… 225
第四节　绍兴纺织产业升级路径探析 ………………… 229

参考文献 ……………………………………………… 237

第一章 产业与产业经济学导论

产业经济学,顾名思义,这门学科所研究的对象是"产业",而其主要任务是研究产业之间关系结构、产业内部企业组织结构的发展规律及其相互作用规律,它是一门应用学科。国民经济的增长实际上并不是总量过程而是部门过程,是一定结构下的各个产业的发展[1],国家竞争优势实际上也是由一定阶段的产业竞争优势构成的[2]。因而,尽管产业经济学是一门新兴学科,它产生及发展的历史并不长,但是由于其具有现实广泛的应用性,因此颇受经济学研究领域的欢迎,也迎合了各国发展的需求,因而产业经济学成为国家制定经济发展战略和产业政策的经济理论基础。本章主要研究了产业经济学的基本理论,对产业经济学的学科体系、理论体系以及研究的意义等有一定的论述。

第一节 产业定义及其分类

一、产业定义

受中国传统经济的影响,"产业"一词,在汉语中最初是指财产或生产作业,随着传统经济结构的演变,"产业"的内涵也随之

---

[1] [美]沃尔特·罗斯托著;郭熙保,王松茂译. 经济增长的阶段:非共产党宣言[M]. 北京:中国社会科学出版社,2001,第320页

[2] [美]迈克尔·波特著;李明轩,邱美茹译. 国家竞争优势[M]. 北京:华夏出版社,2002,第109页

变得更加广泛,现在也指构成国民经济的行业和部门。在英语中,"产业"一词是 Industry,通常我们将它翻译成工业,其实不然,这个词的本身含义不仅有工业的意思,同时也指国民经济中的各行各业,从大的部门到小的行业,从生产到流通,以及与之相关的服务、文化、教育等各行各业,都可称之为"Industry"。整个国民经济就是由这些许许多多的行业组成的一个大的系统。

  从原始社会开始,自有了劳动力,就有了劳动分工,马克思主义哲学指出,任何事物都是变化发展的,对于社会生产力而言,也不例外,它是不断向前发展的,社会生产力的发展逐渐出现了具体劳动的社会分工,这就产生了产业。社会分工越详细,产业的类别也就越多,可见,产业是随着分工专业化程度的提高而不断变化和发展的。从产业诞生之际,就有各种各样对"产业"的研究和解释,不同历史时期和不同理论研究领域对"产业"一词所做出的解释不尽相同,在历史学和政治经济学领域,它主要指"工业",如"产业革命、产业工人"等;在法学领域,"产业"的含义主要是指"不动产",例如个人的"私有产业",这些"私有财产"包括个人拥有的土地、房产、企业等财产。马克思主义政治经济学为社会主义经济学奠定了理论基础,在传统的社会主义经济理论中,"产业"的主要内容是指与服务业相对应的物质资料生产部门。在现代西方经济学中,产业被定义为"向一个市场提供产品的所有厂商组成的集合"。对完全竞争厂商而言,产业由所有生产同种无差别产品的厂商组成,对于垄断竞争厂商而言,产业由所有生产集团中的厂商组成,对于垄断厂商而言,一个厂商即构成一个行业,而对于寡头厂商而言,产业则可以由纯粹寡头组成,也可以由差别寡头组成。

  产业是指"国民经济中以社会分工为基础,在产品和劳务的生产和经营上具有某些相同特征的企业或单位及其活动的集合。"[①]产业发展涉及的内容比较广泛,因为产业可以小到一个个

---

① 简新华. 产业经济学[M]. 武汉:武汉大学出版社,2001,第5页

体,也可以大到一个系统,所以产业的发展可以是具体化的单个产业的演进,也可以是概括化的整个产业总体的发展;既包括产业类型、产业结构、产业关联、产业布局的演进,又包括产业组织的变化、产业规模的扩大、技术进步、效益的提高。一个家族的发展会经历产生、成长、兴盛、衰亡,如同一个家族的发展过程一样,产业发展的过程,就是单个具体产业的产生、成长、繁荣、衰亡或作为一个整体的一类产业从产生到逐渐壮大并且不断现代化的过程。产业作为一类事物的总体,它的各个方面总会经历从不合理到合理,从不成熟到成熟,从不协调到协调,从低级到高级的阶段性过程,也就是说,产业发展过程是永不停息的、不断变化发展的过程,同时也是产业结构、产业布局、产业组织逐渐合理化的过程,以及产业阶段和分类等不断细化的过程。

二、产业分类

(一)两大部类分类法

两大部类分类法是以产品的最终用途不同作为分类标准的分类方法。这种分法最初是由马克思创造的,这种分类的依据是不同产品的经济用途不同,他认为按照经济用途不同,可以将产品分为两大部类,分别是:生产资料和消费资料,根据产品用途从而将社会大生产也划分为两个部分,分别是生产资料的生产和消费资料的生产[1]。这是马克思主义政治经济学的重要组成部分,也为再生产理论的创造奠定了重要基础。在马克思主义之前的经济学理论研究中很少有这方面的细致研究,关于经济产业两大部类的论述和学说是马克思对之前经济学的重大突破和创新。其目的是为了分析各种物质生产部门的相互联系,揭示社会再生产的实现条件。

---

[1] 马克思恩格斯全集(第24卷)[C]. 北京:人民出版社,1972,第439页

马克思主义以前的经济学家,包括他们中最杰出的人物,由于他们所处时代的局限性以及自身的阶级局限和社会局限,再加上他们在理论上没有对社会总产品以及社会总生产做过系统的认识和科学的划分,因此他们不能揭示社会再生产运动的规律,也没有具体科学地说明社会再生产的过程。马克思主义政治经济学的伟大功绩是突破了马克思以前的经济学家的局限性,对社会再生产经过系统周密的分析,将产业的分类提上了一个新的高度,天才地提出了两大部类的理论,以此为前提才揭示了社会再生产运动的总规律,论证了要使生产不断更新,就必须在生产资料和消费资料上有所更新。只有在生产资料和消费资料上都进行了补充,才能进一步扩大生产。如果在生产资料或者在消费资料上的任何一方上有所欠缺,那么社会大生产就无法继续进行。这将使生产遭到破坏。

同样的道理,要揭示工业再生产运动的总规律,科学地说明工业再生产的过程,首先也必须把工业产品划分为生产资料和消费资料,进而把工业生产划分为生产生产资料的工业即第一部类工业,以及生产消费品的工业即第二部类工业。其实,把工业划分为第一第二部类两类,是把社会生产划分为两大部类原理的重要组成部分和在工业中的具体化。因为,第一部类工业是社会生产资料的生产这个部类的重要组成部分,第二部类工业是社会消费资料的生产这个部类的重要组成部分。也正因为如此,把工业生产划分为第一第二两类工业是完全必要的,是有充分理论依据和实践依据的。

在工业革命之后的世界许多工业发达国家,关于产业的两大部类分类法一直存在,我国第一个五年计划时期,也曾有这种分类,随着我国经济的发展以及除此之外具体国情的改变,这种分类逐渐被取消。但在1985年国务院全国工业普查领导小组制定的全国工业普查表中,又恢复了两大部类分类法。

(二)物质生产与非物质生产分类法

根据产出的产品的物理性质来划分,可以将产出的产品分为物质和非物质。这个生产的过程就是物质生产和非物质生产,二者之间是不可单独存在的,存在着密切联系。在市场经济条件下尤为密切,物质生产和非物质生产的关系更加凸显。究其原因,是由于国民经济不是单独某个部门的运作,各个部门相互联系,互为市场。

马克思主义经济学对社会大生产有详细的论述。这部著作认为无论是社会的运转还是社会的发展,归根结底是两种活动。在马克思主义关于经济学的论述中,社会的运转和发展离不开物质生产活动和非物质生产活动。同时,有什么样的物质生产活动就有什么样的非物质生产活动。何为物质生产呢?在马克思主义经济学的论述中,物质生产是人们在改造自然界斗争中,不断创造物质财富的活动,在逐渐累积的物质财富的基础上,社会才能存在继而不断发展。有了这个基础,其他的社会活动才能顺利地展开。非物质生产是在物质生产过程中,消耗的体力以及加强社会组织管理,以配合并促进物质生产活动的过程。因此,非物质生产是影响物质生产活动的重要因素。

物质生产与非物质生产之间有着千丝万缕的联系,两者之间可以互相作用,又可以互相转化,物质生产的走向趋势会影响到非物质生产的走向趋势。所以,物质生产与非物质生产的分类也是一种十分重要的产业分类。

(三)农轻重分类法

这个分类是根据产品的主要生产部门来划分的,主要分为:农业、轻工业和重工业,简称农轻重业。这种分法其实是根据马克思主义经济学关于产业的两大部类分类法发展而来的。相对于两大部类分类法更加详细具体,详细研究了农业、轻工业和重工业这三个具体的实际产业部门之间的互相联系,以及它们之间的数量比例关系。在整个物质生产过程中,农轻重这三个部门占据绝大多数。在这里,农轻重三者的位次关系不是凭空而来的,将农业放在首位,轻工业放在第二位,重工业放在第三位有着客观的依据。因为,农业是国民经济的基础,工业是国民经济的主导。要想发展轻工业必须以农业为基础,在农业、轻工业的基础上,才能很好有效地发展重工业。所以,农轻重的分类不仅有一定的理论意义,而且有很大的实践意义。

实践反复证明,企图用农轻重工业分类取代甲乙两类工业分类是不科学的,用两大部类和甲乙两类工业分类来取代农轻重分类也是不科学的。因为这是对社会生产同一事物的不同划分方法,所包含的范畴不同,谁也代替不了谁。两大部类生产和甲乙两类工业生产,是从社会产品进而从社会生产中,分别抽出来用于生产和用于消费这两种不同的属性,然后把它们分别推广于一切社会产品的生产。而农轻重的分类,是说农业和轻工业是两个主要生产消费品的产业部门,重工业是主要生产生产资料的产业,但是,农业和轻工业还生产一部分生产资料,重工业还生产一部分消费品。像这种重中有轻、轻中有重的现象,在现实的生产活动中,越来越普遍,越来越难以找出一个百分之百的生产消费品或百分之百的生产生产资料的实际物质生产部门。

由于我国产业经济起步较晚,因而,在我国,重工业部门主要生产生产资料;轻工业部门是主要生产生活资料,也就是消费品。实质上,这种分法是个相对的概念,它是按照产品的主要使用价值来划分的。这是因为,在现实生活中,一种产品往往兼具生产资料和消费资料两种属性,它的使用价值也是多种多样的。就一个工业部门所生产的产品来说,既有生产资料,又有消费品;就所生产的同一种产品来说,往往既有用于生产消费的,又有用于生活消费的。虽然有着上述问题的困扰,但是对于一个产业部门所生产的产品的使用价值而言,产品的功能总有主次之分,它的主要方面的性质就是定义这个产品的最重要的依据。因此,我们把主要生产生产资料的工业称为重工业,而把主要生产消费品的工业称为轻工业,这也是有其理论根据的。

(四)标准产业分类法

标准产业分类法是国家标准分类法,是指一个国家或者是一个地区,为了对本地的国民经济进行宏观调控,科学地制定一些产业经济政策,并根据本地的实际情况而划分产业的一种国家或地区的标准。这种分类法通常具有以下特征。

第一,它的编制主体不是个人,也不是整个产业链中的某个具体的产业部门,而是由作为整体利益代表的国家或地区的政府来编制并颁布执行的,其编制主体的权威性,使得整个分类和其他约定俗成的分类法有很大不同,它具有其他分类法所没有的整体性、广泛性和权威性。

第二,和一个国家的法律一样,由于其编制主体的权威性,它在具体应用上具有很强的代表性,并在实行过程中具有强制性。

第三,对于其他分类法而言,这种分类更加细化而且更具有目的性,因为这个标准的制定是为了科学地制定经济政策,更加有效地对国民经济进行宏观调控。

第四,由于它的编制是和一个国家或一个地区紧密相连的,因而它不具备普遍性,只能适用于该国或该地区的产业分类,因而,其他的国家或地区不能生搬硬套,只能参考和借鉴。

第五,一个国家出台一项政策必定经过多方面的探讨和研究,对于产业的标准分类法同样也是经过了多方面资料数据实际情况的研究整合,因而,它具有较高的科学性,对于该国或该地区的产业发展和变化情况有一定的显示,这种客观的动态又适应了产业发展和变化的需要。

从产业出现的一开始,世界上就对产业有着形形色色的分类,标准产业分类法不是中国的首创,关于这种分类法,联合国和西方各国都有自己不同的标准。1971年,联合国颁布并出版了《全部经济活动的国际标准产业分类索引》(以下简称《索引》),对产业做了一个详细的分类,为各国制定自己的产业分类做了一个标准。《索引》中当时出现的全部经济活动分为大、中、小、细这4项,在每一项上都有固定的统计编码。这4个项类又细分为10个大项,在每个大项下面又具体细分为若干中项,以此类推,每个中项下面又分成若干小项,每个小项又分成若干细项。下面列出了全部经济活动的国际标准产业分类门类。如表 1-1 所示。

表 1-1　全部经济活动的国际标准产业分类中的 21 门类分布

门类	类	说明
A	01—03	农业、渔业及林业
B	05—09	采矿和采石
C	10—33	制造业
D	35	电、煤气、蒸汽和空调的供应
E	36—39	供水;污水处理、废物管理和补救活动
F	41—43	建筑业
G	45—47	批发和零售业;汽车和摩托车的修理
H	49—53	运输和储存
I	55—56	食宿服务活动
J	58—63	信息和通信
K	64—66	金融和保险活动
L	68	房地产活动
M	69—75	专业、科学和技术活动
N	77—82	行政和辅助活动
O	84	公共管理和国防;强制性社会保障
P	85	教育
Q	86—88	人体健康和社会工作活动
R	90—93	艺术、娱乐和文娱活动
S	94—96	其他服务活动
T	97—98	家庭作为雇主的活动;家庭自用、未加区分的物品生产和服务活动
U	99	国际组织和机构的活动

第二节　产业经济学及其学科体系

　　任何一门科学都有自己特殊的研究对象和研究内容。顾名思义,产业经济学有自己研究的对象产业,也就是说其研究的是与产业相关的东西,它对产业的变化发展的规律有一定的揭示。同时,对产业内部企业之间的相互作用以及产业与产业之间的相互关系等都有一定的研究。在以往的宏观经济学和微观经济学中,产业经济学往往是一个被遗忘忽略的板块。产业经济学正是弥补了它们的不足和缺陷,对于再生产过程中各产业之间中间产品的复杂交换关系等问题有了明确的探讨,从而对社会再生产的全过程有一个比较完整的描述。

一、产业经济学学科性质

(一)产业经济学属于中观经济范畴

产业经济学就其研究对象的范围而言,介于微观经济学和宏观经济学之间,属于中观经济学的范畴。微观经济学研究对象是消费者,即家庭和企业,通过个人收入、产品价格、消费者偏好以及生产成本、生产要素价格、生产技术水平、供给和需求等,研究消费者和企业的行为,重点分析的是单个市场主体的行为及完全竞争市场下的资源配置效率。宏观经济学则是通过国民生产总值、国民收入、总供给和总需求、经济增长总量、货币发行总量等指标,研究国民经济总供给和总需求之间的均衡关系以及由于不均衡带来的诸如通货膨胀、失业等问题,并分析财政和货币政策对国民收入及其均衡关系的影响,产业经济学从产业出发,在产业内部研究产业之间的相互联系,其核心是研究产业组织问题;在产业外部研究产业与产业之间的相互联系,其核心是研究产业结构问题。关于产业经济学的研究对象范围的界定,国内外学者之间的认识还存在着分歧,形成了两个主要学派:一个是窄派,认为产业经济学研究对象仅仅局限于产业内部企业之间的关系,把产业经济学等同于产业组织学,以国外多数学者及国内部分学者为代表;另一个是宽派,认为产业经济学的内涵不仅仅局限在产业内部的企业之间,还扩大到产业外部的产业之间,将产业经济学的外延扩大到产业组织、产业结构、产业布局、产业政策等内容。目前,宽派在国内尚属主流学派。

(二)产业经济学是一门新兴的应用经济学科

现在,产业经济学的各方面已经得到了巨大的发展。随着对其研究的不断深入,它的应用范围也在不断扩展,产业经济对经济发展的作用已越来越大,对产业经济学的研究与应用已越来越得到世界各国的重视。世界各国政府越来越注重利用产业经济的手段来推动本国经济的发展,比如我国政府近年就制定了一系列关于产业发展的政策,强有力地推动着我国经济又好又快地发展,所以对产业经济学的研究和学习将有助于我们完整理解现实生活中的经济现象及其发展规律,有助于我们正确利用经济规律来进行经济实践。

之所以要研究产业经济,主要是为了能够更好地促进经济的发展。产业经济学通过研究各个产业之间以及产业内部之间的相互关系,实现了资源在产业及产业间的优化配置。产业经济学是经济学的一个分支,因而其主要是以理论经济学为基础,但其更加具有针对性,主要针对的是产业经济活动。具体就是对这门活动的基本特征和规律进行了深刻的探讨,并在此基础上,将理论和实践结合起来,制定相应的产业政策,对一个国家国民经济的各个产业都有一定的指导作用,从而推动经济的整体发展,实现资源的有效配置。它不是空洞的理论和说教,而是具有很强的适用性。从这个层面上讲,产业经济学是一门应用经济学。目前,我国教育部和国务院学位委员会对产业经济学的门类有一定的划分标准。按这个划分标准,我们得出,经济学可以分为理论型和应用型两大类,这两大类都属于一级学科,产业经济学属于应用经济学中的二级学科。

二、产业经济学的研究对象

上文中已经提到,产业经济学具有很强的指导性和适用性。

随着各国对其适用性的认识逐渐加深,经济学领域关于产业经济学的研究也逐渐增多,各种关于产业经济学的理论和著述也呈现出"百家争鸣"的繁荣景象。产业经济学成为近年来经济学中最活跃、最激动人心、取得成果最多的领域之一。产业经济学的研究对象当然非产业莫属,那么,我们就要对产业有一个明确的概念。具体而言,国民经济中以社会分工为基础,在形形色色的社会分工中,产品和劳务在生产经营过程中总有这样或那样的相同或相似,我们就把这些类似的企业或单位及其活动的集合叫做产业。社会分工多种多样,从各类物质生产部门到提供各种服务的各行各业,都可以称之为产业。产业既不属于微观经济,也不属于宏观经济的范畴,它是介于微观经济和宏观经济之间的概念,可以将其归为中观经济的范畴。单独的企业可以归为微观经济的范畴,这些企业的集合就构成了产业,产业是国民经济的重要组成部分,集合产业的经济活动、政府的经济活动(包括一些经济政策)以及消费者的经济活动(主要是购买),三者共同构成了国民经济。微观经济活动的规律需要对微观经济学进行研究才能揭示出来,同样,对于宏观经济运行的规律也是由宏观经济学进行诠释,经济链中,产业经济学被赋予了很重要的任务,这个任务就是,研究产业经济活动,揭示产业经济规律。

综上所述,如果把社会经济分为微观、宏观和中观三个层次,与此相适应,研究社会经济基本问题的现代经济学也应由三大部分组成。其对应关系如图1-1所示。

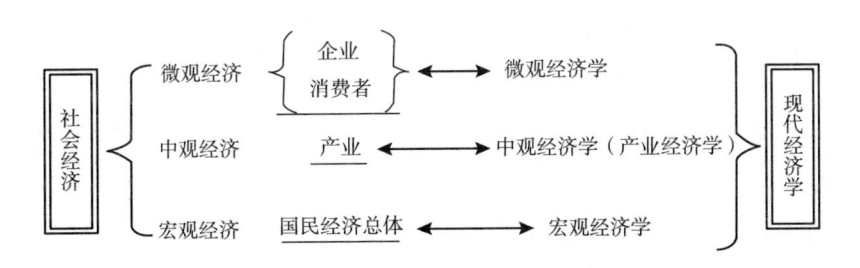

图 1-1 社会经济与现代经济学的关系

产业这个概念包括多层次、多方面的内容,因而也就呈现出多方面的特征。具体而言,产业的内容纷呈复杂,纵横交错,包含产业本身、产业与产业之间、产业内部、产业的分布状况以及产业的发展等内容。由于"产业"这个词所涵盖的范围较广,因而,其所对应的经济学范畴也比较广泛。具体可以分为:产业类型、产业结构、产业分布、产业关联、产业发展、产业组织、产业政策和产业规则等。这些具体研究对象之间的关系涉及资源在产业之间的配置状况及其变化,而研究的目的和意义在于,更加优化资源配置,使资源合理、充分、有效地被利用,从而促进资源在产业发展过程中的动态优化配置。产业的分布状况往往涉及资源在地区之间的配置状况及其变化,而事实证明,之所以要研究产业的分布状况,是为了从根本上调节资源配置问题,实现最优。而研究产业网,即产业内部各个企业之间的关系以及产业本身,其最终的目的也是为了促进产业资源的内部优化。产业规制和产业政策涉及政府对产业发展过程中出现的资源配置不合理情况的管理和调节,研究产业规制和产业政策的根本目的,是为了促进政府在产业发展过程中更好地进行必要的管理和调节,以消除资源配置的不合理现象。因此,产业经济学实质上就是对产业经济活动过程中资源配置问题的研究,也就是说,如何合理优化配置资源是产业经济学的根本目的。

三、产业经济学的主要内容

(一)产业组织

产业组织理论主要研究市场运行。按照权威的《新帕尔格雷夫经济学大辞典》的定义,产业组织学被认为是研究与市场联系着的不以标准教科书上的竞争模型进行分析的经济学领域。而另一本工具书《产业组织学手册》更明确地将产业组织学定义为微观经济学中主要关注市场行为及其与市场结构和市场演进过程的密切关系,以及相关公共政策等广泛领域的分支。阿宁德亚·森(Anindya Sen,1996)在《产业组织学论文集》的导言中认为:"产业组织学的定义可以较宽,包括企业理论、规制、反垄断政策、合同理论以及组织理论的某些内容。"可见,产业组织学是微观经济学的纵深发展,它从市场角度研究企业行为,也可以说成是从企业的角度入手,研究市场结构,研究的具体内容包括企业之间相互竞争的行为以及这个竞争活动与市场结构与绩效的密切关系,对于产业中的具有相互依赖或市场互动特点的企业市场行为有更加详细深入的研究,更具有针对性。例如价格竞争、产品定位、广告策划和新产品的研发等。相对于宏观经济学和中观经济学,微观经济学偏向研究一些比较极端的经济行为,例如完全垄断与完全竞争。由于产业经济学属于中观经济的范畴,因而,产业经济学中的产业组织学则偏向于研究一些处于中间状态的经济活动,比如寡头竞争、垄断竞争等不完全竞争市场,它对某一特定的市场绩效、社会福利以及竞争秩序的结论通常是通过对具体的市场运行的研究得出的。产业组织的研究为政府制定并实施相应的公共经济政策,为有效发挥政府宏观调控的力量维持基本的市场秩序和经济效率提供实证依据和理论指导。

(二)产业结构

产业的结构是产业经济学中的重要内容,对于产业结构的研究,主要是针对产业与产业之间的关系和这种关系的产生、发展以及外在的表现形式所做出的研究。由于产业经济学研究的实质是资源的优化配置,因此,产业结构学就是从经济发展的角度来研究产业间的资源占有关系。它的研究视角着眼于经济发展和产业发展,并在此基础上进一步分析产业之间的比例关系及其变化,总结起来就是研究产业结构深化规律。产业结构,顾名思义,它主要研究产业与产业之间,以及产业内部之间的联系。因而研究产业结构就要有比较广泛的视角,而不是细化到产品的交换、消费、占有问题,或者是涉及产业的分类。产业结构除了研究产业发展的一般规律外,对产业发展、产业结构从初级到高级和产业结构调整等应用方面也有所研究。由于产业的发展以及产业间的相互联系是一个动态的演进过程,因此,要遵循马克思主义科学的发展观,运用动态的方法研究变化发展的产业结构,这个方法叫做动态研究法。动态研究可以帮助我们从纵向出发,分析研究不同时期不同阶段产业的各种发展规律,还可以帮助我们从横向出发,研究不同产业在经济发展中的此消彼长的规律。

(三)产业竞争力

一般情况下,有市场就会有竞争。美国学者普拉哈拉德和英国学者哈默最早提出了核心竞争力的理念,从竞争力概念的提出到现在,研究者和各种各样的研究理论层出不穷,虽然研究者甚多,但人们的研究并不深刻,好多都只局限于表面皮毛,再加上各种现实情况的发展变化,竞争力的研究一直是经济学研究者所面临的最艰巨的任务之一。如何提升竞争力在经济学的位置,使其能进入到主流经济学的研究视野也是他们未来努力的方向。为了解决这个问题,目前出现了两个有代表性的方向:一个是由美国学者迈克尔·波特开辟的,他提出并主张建立经济学研究的竞争力范式;另一个方向是由中国学者开辟的,就是建立竞争力研究的经济学范式,中国学者正朝着这个方向一步步迈进。

对于第一个范式,哈佛商学院著名的经济学学者迈克尔·波特的影响最大,他著作了《国家竞争优势》一书,相对以往而言,书中对竞争力的研究有所突破和创新,但由于受社会历史条件的限制,书中竞争力的相关理论并不成熟,也没有构成一个严密的体系。同时,这个理论的提出缺乏严格的理论支撑,以及实践的证明。因而,如果想要被经济学接纳,这个竞争力分析必须经过系统严密的论证,必须进行模型化。这只能从另一个方向进行努力,就是建立竞争力分析的经济学范式。这个范式的基本特点是把竞争力研究融入主流经济学,建立竞争力的经济学分析范式,另一个特点则是运用一般均衡分析方法研究产业竞争力。我国产业竞争力的计量和分析就是在局部均衡分析方法的基础上发展而来的,这种研究范式的特点是计算相对简单、对于数据的要求较低。缺点是这种方法相对比较狭隘,是一种局部均衡的方法,因而不具备全面性。所以,在计量和分析产业竞争力方面运用一般均衡方法是未来的发展方向之一。

同时,在竞争力研究中,其中一个重要方向是强调企业的结构竞争力,企业网络、产业集群都属于企业在社会结构中的位置,对它们的研究实质上就是在复杂的社会中对企业竞争力的解释。

(四)垄断产业改革、重组

由于我国现在处于并将长期处于社会主义初级阶段,因而,垄断产业的存在也就不足为奇。我国建设社会主义市场经济的重要一步就是对垄断产业改革和重组。这个课题对于我国经济建设和改革是一个巨大的挑战。由于我国社会主义初级阶段的具体国情,因而,我国的垄断产业改革由于特殊的社会历史条件的限制仍然处于起步和探索阶段,要达到成熟的地步还有很大的差距。建立社会主义市场经济就必须改革垄断体制。这就要求放宽市场准入限制,同时解决产权改革、产业重组、产品和服务定价、增加用户选择权、建立现代监管体制等方面存在的一些问题。

第三节 产业经济学的理论体系及研究方法

产业经济学多层次、多方面内容的内在联系决定按照以下逻辑顺序构建产业经济学的理论体系更为合理。这个逻辑顺序就是:从理论前提到基本理论,再到理论应用;从产业的质的联系到量的关系;从产业的各层次、各方面的具体内容到产业的发展。具体来说,就是在明确产业经济学的研究对象和研究方法的基础上,首先分析产业类型,接着研究不同产业之间的质和量的相互关系,然后考察产业的空间布局,进一步分析产业内部企业之间的相互关系,再探讨产业的发展,最后研究运用产业经济学基本理论。

一、我国产业经济学的理论体系

（一）产业发展理论

产业经济学的最终目的是促进产业的发展繁荣，因而，产业发展是产业经济学研究的主要任务。相对应的产业发展的存在必然会带来产业发展理论的产生。产业发展理论主要是针对产业的发展规律、新旧产业形成和发展周期、影响产业发展的因素、产业内部和产业之间的转移、资源配置以及为促进产业健康发展制定的政策等问题做出的研究和探讨。产业的发展规律总结了产业的产生、成长和进化的过程中有迹可循的规律，这个过程不仅包含了单个产业的进化过程，而且包含了产业总体的进化过程。无论是单个的一个产业还是整个产业的集合，在不同的发展过程中，发展历程都是不同的，但因为人的主观能动性的发挥，在这许多的不同之中总能摸索总结出一些有规律的东西，并通过对产业发展规律进行研究，更好地为产业的发展做准备。进而促进产业的发展，增强产业发展的竞争能力，壮大产业。

产业发展与经济发展都是一个从低级向高级不断演进的发展过程。两者具有直接关系，经济发展包含产业发展，产业作为整个经济中的一部分，产业的发展会带动经济的发展。产业发展同时对经济的发展有着决定作用，也就是说，经济能否发展关键要看产业能否发展。对于我国而言，产业发展的状况直接决定着整个国民经济发展的状况。因此，这也就很好地说明了，之所以要研究产业发展，是因为它对促进国民经济的发展具有无比重要的意义。

（二）产业组织理论

现代产业组织理论的形成和发展在很大程度上依赖于20世纪30年代以后各个理论派别的形成和其理论在经济实践中的应

用。毋庸置疑,产业组织理论就是以产业组织为研究对象和研究基础的,而主要内容就是研究产业内企业与市场的关系结构,具体包括市场结构、市场行为、市场绩效,最终的目的是正确有效处理垄断经济问题,坦白说,就是如何处理有效竞争和规模经济的关系。产业组织建立在产业组织理论的基础上,以上述内容为基本线索,目的是更好地解决产业内部各个局部的企业与企业之间相互竞争引起的冲突。西方产业组织理论的出现最早可以追溯到亚当·斯密,在他的《国富论》一书中,对不完全竞争和完全垄断有比较简略的阐述,这就是最初的产业组织理论。而在这之后,张伯伦、梅森、贝恩、谢勒等在不同的时期对市场组织都做了层层深入的研究,使产业组织理论成为一个比较系统的体系,这就是传统的产业组织理论体系。这个体系也被称作SCP范式,即市场结构、市场行为和市场绩效理论范式。在这个理论中,市场结构决定了企业的市场行为,从而又间接决定了市场绩效。反过来说,市场绩效不是随意产生的,它的出现以及多少受到市场结构和市场行为的双重制约,并对产业资源配置是否合理是否优化做出了最终的评估。任何事物都是相互作用的,整个世界是一个相互联系的统一整体,对于产业组织而言更是如此,市场结构决定了市场行为和市场绩效,同时市场行为和市场绩效又发挥着反作用,对市场结构有着或利或弊的作用。这对未来的市场结构产生了很大的影响。SCP范式奠定了产业组织理论体系的基础,对以后产生的各个产业组织理论都有指导意义。以后各产业组织理论学派的产生和发展都在此基础之上。20世纪50年代后,美国学者梅森(Edward. S. Mason)和贝恩(J. Bain)承袭了张伯伦的垄断竞争理论,提出了市场结构、市场行为和市场绩效的所谓"三M"范畴,并把这三个范围和国家的产业组织政策联系起来,规范了产业组织理论的科学体系。

关于产业组织理论的SCP范式我们用图来简单呈现,如图1-2所示。

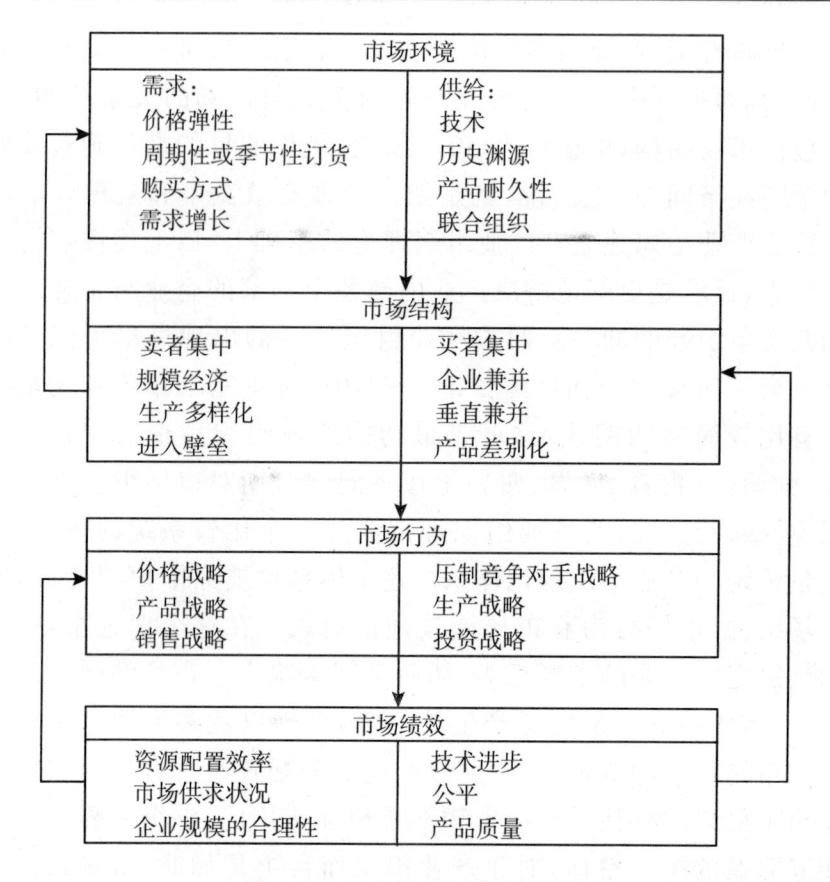

```
┌─────────────────────────────────────┐
│            市场环境                  │
│  需求：              供给：          │
│  价格弹性            技术            │
│  周期性或季节性订货   历史渊源        │
│  购买方式            产品耐久性      │
│  需求增长            联合组织        │
└─────────────────────────────────────┘
                 ↓
┌─────────────────────────────────────┐
│            市场结构                  │
│  卖者集中            买者集中        │
│  规模经济            企业兼并        │
│  生产多样化          垂直兼并        │
│  进入壁垒            产品差别化      │
└─────────────────────────────────────┘
                 ↓
┌─────────────────────────────────────┐
│            市场行为                  │
│  价格战略            压制竞争对手战略 │
│  产品战略            生产战略        │
│  销售战略            投资战略        │
└─────────────────────────────────────┘
                 ↓
┌─────────────────────────────────────┐
│            市场绩效                  │
│  资源配置效率        技术进步        │
│  市场供求状况        公平            │
│  企业规模的合理性    产品质量        │
└─────────────────────────────────────┘
```

图 1-2　产业组织理论框架图

（三）产业结构理论

产业结构理论最初可以溯源到 17 世纪，在亚当·斯密的《国民财富的性质和原因研究》(即《国富论》)、大卫·李嘉图的《政治经济学及赋税原理》中对产业结构理论进行了探索，后人的研究都是在他们的著述基础上进行的。产业结构理论研究了产业结构的变化发展、产业结构的运行与调控机制，以及如何优化产业结构、如何引导产业的选择，并且对产业之间的技术经济联系及其联系方式以及产业的区域分布与空间结构有一定的研究。产业结构合理与否对于经济能否快速健康地发展有着很大的影响，优化和演进产业结构可以促进经济总量的增长。经济总量的增长也为产业结构的演进和优化提供了物质经济基础，二者相互作用。了解规律,把握规律可以更好地指导实践。同样,只有更好地正确把握产业结构变动规律,才能对产业经济的发展状况做一个大概的预测,制定有利于产业经济发展的经济政策。更好地发挥产业结构对经济发展的促进作用。在经济增长中对产业结构的分析和研究越来越受到各国的重视。

产业结构理论主要研究了产业与产业之间的关系,相对于产业组织理论而言,范围更加广泛,其主要内容有以下几个方面。

1. 产业结构优化理论

它主要针对产业结构的优化问题做出了研究,对产业结构的演进规律进行探索,通过产业结构的调整、升级实现产业结构合理化、高度化。

2. 产业关联理论

它主要是针对产业间技术经济联系,这个联系以各种投入品和产出品为连接纽带,具体包括产业之间的产品(服务)联系、生产技术联系、价格联系、投资联系等内容。

3. 产业布局理论

它主要研究地区产业结构的合理化问题,即根据不同地区的资源优势和产业特征,在一定地区(甚至全国)范围内实行合理的产业布局,使各地区的资源得到充分、有效的利用。

(四)产业政策理论

产业政策的制定是为了更好地服务产业经济的发展,政府制定的科学的产业政策往往能为产业经济的发展带来意想不到的收获。因此,从"实用"意义上讲,研究产业经济学为政府制定科学的经济政策提供了理论依据,并指引产业政策走向正确的归途。因此,产业政策理论不仅对产业政策本身的制定、实施、修正和实施的效果有所研究和规定,同时对特定时期特定产业的现状也有一定的研究，只有对产业现状了如指掌，才能更加合理地制定政策，指导实际的产业经济活动。除此之外，产业政策理论研究的内容还包括如何科学合理地制定产业组织政策和产业结构政策。产业政策理论的研究可以使产业内形成规模经济与竞争活力相兼容的有效竞争格局，从而可以有效协调产业之间的关系，实现产业结构的合理优化。

(五)反垄断与管制理论

我们在产业政策理论中对产业政策理论的概念有一定的论述。由此我们可以看出，产业政策理论和反垄断与管制理论有一定的相似之处。但从国内外的现实情况看，国外对反垄断和管制理论的研究越来越多，因此，在国外的许多教材中，这个内容被专门列了出来，作为一个独立的部分进行论述。反垄断主要是研究如何通过法律手段，限制垄断企业肆意运用其垄断力量，而这个法律措施的具体执行要靠政府。政府管制主要针对的对象是关系到国计民生的大型产业，包括电信、电力、运输、自来水和管道燃气供应等垄断性产业，政府对这类产业的价格、市场准入、产品与服务质量、投资等方面进行管制。反垄断还是政府管制的实行，都是为了保护消费者的利益，维护社会公平，促进整个社会的健康发展。

作为对以上讨论的部分总结，我们可以用下图来概括性地描述产业经济学的理论体系，如图 1-3 所示。

产业经济学理论体系
- 产业组织理论
  - 市场结构
  - 市场行为
  - 市场绩效
- 产业结构理论
  - 产业结构优化
  - 产业关联
  - 产业布局
- 产业政策理论
  - 产业政策科学
  - 产业组织政策
  - 产业结构政策
- 反垄断与管制理论
  - 反垄断法
  - 政府管制

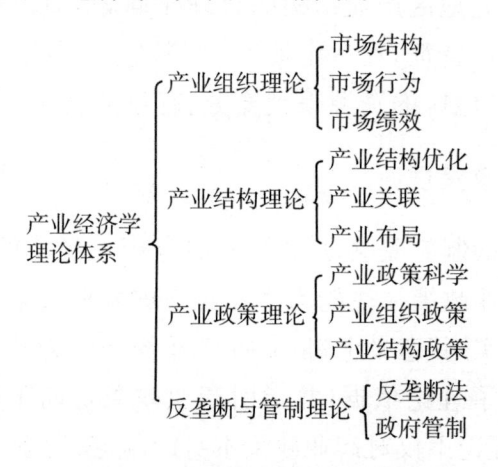

图 1-3　产业经济学理论体系

二、产业经济学研究方法的演进

产业经济学的研究方法随着时间的发展逐渐推进,在20世纪50年代,该领域主要以案例分析法为主,哈佛学派和芝加哥学派都曾广泛使用,并且取得了许多重大的研究成果。

在20世纪60年代,兴起了经济计量学方法,在这之后,该方法逐渐成为研究产业经济学的主流方法。同时是产业经济学转入实证以后采用的主要方法。目前仍是主要的实证研究方法。"60年代中后期,随着在经济计量学方法方面受过良好训练的(或匆匆武装起来的)新一代学者的出现,也由于电子计算机和经济计量学软件的迅速普及,利用结构—绩效模式横断面数据进行回归分析。一时间几乎成为产业组织问题研究的时尚。"[①]总之,这一时期研究的基本脉络是运用案例研究和计量分析来建立和验证SCP范式及其内在的逻辑关系。

近年来,在经济学领域逐渐出现了两种实例研究方法,就目前来看,这两种研究方法在未来的产业经济学研究领域很有发展前途。接下来,我们对这两种研究方法进行具体的探讨。第一种是普劳特(Plott)解释并评述的"实验方法",这种方法主要的研究手段是计算机,具体的操作步骤是通过利用计算机,在实验室内观察一些微小的变化因素。一般而言,这些变化因素由于太小,因此在市场上很难被人的肉眼所捕捉到。产业实验室研究法是检验用博弈论方法建立的产业组织理论模型的非常有效的途径。到目前为止,许多出色的经济学家已通过产业实验室研究法来分析产业组织理论问题。其中包括:张伯伦(1948)所做的第一个关于市场交易的课堂实验;萨尔曼与泽尔腾(Heinz Sauermann & Reinhard Selten,1959)关于寡头行为及古诺模型的实验研究;史密斯(Vernon L Smith,1962)

---

① [美]John Cable 著;余立译. 产业经济学前沿问题. 北京:中国税务出版社,2000,第59页

进行的双向拍卖市场交易实验等。第二种是时间序列分析方法,在 20 世纪 80 年代以后,这种方法得到了空前的发展。其中贝叶斯(D. Byes)和皮尔(D. Peel)认为可用于产业经济学研究的方法包括经济时间序列的线性和非线性方法、协整模型和误差修正模型、双线性模型、临界(Threshold)自回归和混沌模型等。根据目前产业经济研究的成果看来,相关方面的数据在不断地积累,因而,这种分析方法在产业经济学领域将会得到更广泛的应用。

三、产业经济学研究方法

(一)基本研究方法

由于产业经济学所研究的对象纷呈复杂,因而,产业经济学研究的内容体系也非常庞大。因此,这就决定了产业经济学的研究方法也有很多种可供选择。主要包括:

1. 实证研究与规范研究相结合

这是研究产业经济学的方法之一。虽然是实证研究和规范研究的结合,但更侧重于实证研究。具体表现在:

(1)产业组织理论兴起的时间不长,在现代经济学中,产业组织理论主要用来分析和解决现实经济问题,因而,对它的研究主要是为了解决实际问题,因而研究方法也更注重实证性。

(2)从以往的产业经济学理论中可以得出,对规范研究方法的重视往往比实证方法的重视程度更加深刻。这导致了理论与现实的严重偏离,表现为理论上所描述的是一回事,现实经济中则是另一回事。因此,许多从规范研究中得出的理论观点难以被实际部门所采纳。正像乔安·罗宾逊形容的那样:"实践家叫苦说,他要的是面包,而经济学家给他的却是一块石头,他的叫苦是十分自然的。"[①]理论是为实践服务的,一种理论如果远离实践,无论其逻辑性多强,内容多丰富,都不能解决实践问题。尤其是我国正处于新旧经济体制交替的年代,许多现实问题都需要理论工作者积极探索解决途径,这就更要求理论工作者重视对现实经济问题进行实证研究,为政府部门制定经济政策提供思路。

2. 定性研究与定量研究相结合

产业经济学研究的内容广泛而又复杂,再加上这个领域不断涌现出的许多新兴的经济现象,这就决定了单独采用定量研究的方法很难对产业经济领域的全貌进行窥探。这客观上要求必须同时采用定性研究,即定性研究和定量研究两者紧密结合起来。即使要对一些经济现象进行定量研究,也首先需要通过定性研究以选择定量研究的主要考虑因素。具体而言,定性研究是对产业经济研究的内容进行一般的、规律性的总结,而定量研究就是对产业经济中具体的量的计算。从它们各自的定义就可以得出,定量研究和定性研究的侧重点不同。定量研究注重的是对"数量"的研究,通过一定的"数量"研究总结出一些产业经济的发展规律。而定性研究则注重"性质"的研究,这里的"性质"不是单纯的物理性质,更多的是对内在规律的研究。由此可以看出,只有首先对内在的东西进行研究,才能减少对纷呈复杂的"量"的研究的复杂程度。因此,定性研究是定量研究的基础和前提。但是,面对千丝万缕的数量关系,单独的内在研究,也就是定性研究很难解决问题,这就需要分析大量的相关现象、问题和数据,也就是要进行定量分析,这样才能比较全面宏观地总结出产业经济现象之间相互的联系。从而进一步归纳出产业发展变化的规律。

[①] [英]乔安·罗宾逊著;陈良璧译. 不完全竞争经济学[M]. 北京:商务印书馆,1961,第251页

(二)具体研究方法

1. 经济计量法

20世纪60年代后,许多学者都学习并研究了经济计量法,同时,在客观条件上,计算机和经济计量学软件广泛而迅速地普及,使得结构—绩效模式迅速走红。经济计量方法作为具体的产业组织理论的研究方法之一,基本的原理是综合运用案例研究和计量分析的方法来建立和验证SCP范式,并对其内在的逻辑关系有所探索研究。在产业组织理论中,经济计量分析方法是一种最基本的工具方法。它不仅是寻求考察对象之间关系的基本工具,同时也是实证分析的基本工具。

2. 案例研究法

案例研究法也是产业经济学的主要研究方法。顾名思义,这种方法主要是通过对实际经济活动中的各种案例展开研究,采取定量和定性相结合的手段,说明某一经济规律。值得注意的是,这种方法更加偏重于那些无法精确、定量分析的实际复杂经济事例。我们都知道,有时候规律是可以一眼被看出来的,而更多时候,在不同的环境下、不同的条件下,规律会隐藏在不同的表面现象背后。而案例分析就可以对以不同面貌呈现在世人眼前的经济现象进行深刻的揭示。这种方法能够很好地培养经济研究人员的敏感性,使其更能敏感把握蕴含在经济活动内部的经济现象。20世纪50年代,哈佛学派将案例分析方法率先引入产业经济学中,后来芝加学派也很推崇这种方法,产生了许多重大的学术成果。

3. 实验方法

在上文所提到的产业经济学研究方法的演进中已经有了对实验方法的相关论述。这里做详细的解释说明。实验方法就是利用计算机在实验室内观察现实市场中人类用肉眼无法观察到的某些微小的变量,例如信心、边际成本等对产品价格的影响,以及这些细微因素对厂商市场份额、市场集中度的影响,通过观察研究来总结规律,从而达到能够控制部分变量,从而来考察变量与变量之间的因果关系。实验方法是检验产业组织理论模型非常有效的途径。

第四节 产业经济学的研究意义

我国正处在现代化的进程中,快速的经济发展使经济总量不断增长,但也带来了经济结构的持续变化,出现了许多亟待解决的新问题。在逐步完善市场经济制度的过程中,规模和效益、竞争和垄断、布局集聚和分散、结构优化与升级、政府与市场的关系问题,既是理论问题,又是现实问题。理解和解决在经济发展和体制转轨过程中出现的新变化和新问题,需要运用现代经济学的基本理论去科学、理性地分析现象后的一般规律,并为政府的公共政策提供理论基础和实证依据。因此,产业经济学具有重要的理论意义和实践意义。

一、理论意义

从理论意义方面看,研究产业经济学,对于丰富和充实马克思主义的经济学学科体系有着重要意义。产业经济学弥补了以前微观经济学和宏观经济学的不足,为以前还是空白的中观经济学涂抹了一道靓丽的色彩。它的最大贡献就是建立了一门新的理论经济学科,完善了整个经济学的理论体系。马克思主义政治经济学不是一成不变的,它紧跟时代的变化,对原有的经济理论进行横向的比较和纵向的深入拓展,对社会主义市场经济理论的发展做了强有力的指导。同样地,马克思主义产业经济学也适应不断变化发展的客观实际,将社会主义市场经济的基本理论和产业经济相结合,将理论转化为实践。并在实践中总结经验教训,对不断出现的新问题、新情况要适时作出研究和有效应对,并总结这些新的经验,进一步充实和丰富马克思主义的产业经济学。

(一)产业经济学丰富和完善了经济学学科体系

产业经济学对经济学学科最大的贡献在于建立了一门新的经济学科,填补了中观经济学研究的空缺,完善了经济学科的体系。长期以来,经济学一直被人为地划分为微观经济学和宏观经济学两大部分。介于微观经济和宏观经济之间的中观经济的研究比较薄弱,而产业经济学的兴起无疑对丰富经济学的学科体系起到了重要作用。

长期以来,介于企业和国民经济之间的产业被忽略了,这使得经济学本身由微观经济学和宏观经济学两个独立的部分拼凑组成,不能形成一个内在统一、完整的学科体系。产业经济学通过分析经济个体的相互作用关系,研究产业的整体变化规律,将微观经济个量与宏观经济总量联系起来。产业经济学的研究对象是具有同一属性的企业的集合,它介于微观经济主体企业、消费者与宏观经济主体国民经济之间,弥补了微观经济学和宏观经济学之间的空白。产业经济学从作为整体的产业出发,兼顾了产业之间的协调和配合,对于加强部门之间的有机联系,完善和丰富经济学学科体系具有重要作用。

(二)产业经济学的研究有利于经济学和管理学的沟通

长期以来,经济学与管理学似乎一直是在两条线上平行发展,各归两大类学科,看起来并不相关,但是在实践中,无论是专家学者还是经营管理者都感到这两者之间应该是相通的。就学科性质而言,经济学和管理学的侧重点明显不同,经济学侧重的是资源在经济中的配置问题,解决这个问题的主要方式是价值规律指导下的市场机制;而管理学的侧重点明显不同,它侧重的是研究资源整合的问题,也就是如何将组织内的有限资源进行有效整合以实现既定目标,解决的主要方式是行政指挥。所以传统的经济学应用领域一直是在企业等组织以外,把企业视为黑箱;而传统的管理学应用领域则基本局限在组织以内,组织以外的企业行为基本归于经营范畴,在严格意义上不属于管理学的研究范畴。近年来,随着新制度经济学的兴起,经济学的研究领域扩展到企业组织以内,但是管理学理论却未能系统地用于传统的企业组织以外。然而,在现实经济生活中,早已存在着许多组织以外的经济管理行为,特别是产业经济的领域里,如产业组织领域中的产业规制由来已久,而日本、韩国等国家通过对各个产业实施有目的、有计划的扶持、保护等管理措施使经济发展突飞猛进,更是引起了世界各国的震惊和关注,对产业经济学的广泛关注也正来源于对日本等国经济腾飞过程中的政府经济管理行为的研究。我国近些年来对高新技术产业的扶持,产业结构调整升级、产业布局合理调整、产业集群研究以及各类工业园区的规划建设等,均大大推动了我国经济的快速发展。其实,产业经济学和管理学有好多相通的地方。产业经济实质上在好多方面都涉及管理的问题。所以,在很大程度上,对产业经济学的研究必将有利于经济学与管理学的沟通。

(三)产业经济学推动了经济的健康发展

产业经济学对于促进产业结构的调整和经济的发展具有重要意义。社会是不断变化发展的,伴随着社会的发展,经济也在发生着意想不到的变化。这个变化不仅体现在经济总量不断增长,同时还体现在,经济结构不断进行整合优化,特别是产业结构由低级向高级的演进过程。实际上,无论我们对经济学或者具体的产业经济学有多少了解,我们通过简单的思考或者现实生活中的某一个经济实例,都可以轻松了解到,产业结构的合理与否直接关系到经济的增长态势,而经济的增长反过来又影响着具体产业结构的调整。一句话,产业结构与资源配置、国民经济紧密相连。

在经济发展的不同阶段,总量矛盾(总供给与总需求)与结构矛盾(产业结构与社会需求结构)常常处于不同的地位。我国特殊的社会历史决定了我国仍然处于社会主义初级阶段,而这个基本国情决定了好多方面的不成熟。比如说,我国的产业结构。我国不合理的产业结构一直是阻碍经济发展的弊病。改革开放以前,我国存在严重的经济结构、经济比例失调的问题。严重偏向发展重工业,造成重工业与轻工业、工业与农业的比例失调,严重制约了经济的发展。改革开放以后,我国一直致力于产业结构的调整,成效显著。但是,我国产业结构目前还存在很多问题,粗放的生产方式,使资源浪费问题严重,一般加工工业的生产能力过剩,而精加工、深加工生产能力不足等。改革开放以来,随着社会生产力的发展,市场的不断发育,经济结构的调整,经济总量矛盾得以缓和,有的产品还出现相对过剩。但结构转换严重滞后于总量增长,结构性缺陷上升为主要矛盾。研究产业经济学,揭示产业经济发展的规律,对促使我国产业结构向高水平演进,增强产业的竞争能力,促进经济发展具有重要意义。

二、实践意义

产业结构与经济增长有着密切的联系,产业结构的演进发展将对经济总量的增长有着重要的意义。因此,研究产业经济学对于促进产业的合理布局,充分发挥各地区的经济优势和地域优势,从而带动整个国家经济的健康发展具有重要的意义。产业经济学中很大一部分内容就是对产业结构、产业布局、产业组织的研究,这些方面的研究对于合理布局各种产业,合理地进行资源配置,促进国民经济健康发展具有十分重要的作用。改革开放以前,我国一度出现重工勤农的不合理现象,造成农、轻、重产业比例严重失调,这为我国的经济建设带来巨大的创伤。历史证明,产业比例不协调,将为经发展带来巨大的损失。到改革开放以后,我国开始意识到产业结构的重要性。经过一系列调整和协调,终于取得了比较显著的成效。这些都很好地证明了,研究产业经济学对于指导实际的经济行为具有非常重要的意义。

(一)有利于政府制定科学的产业政策

政府制定科学的产业政策必须要有相应的理论支持。产业经济学说白了就是对产业结构和产业之间运动规律的研究。通对这些研究,为政府制定科学的产业经济政策做准备。

为了弥补市场失灵,政府需要进行宏观调控。通过对产业经济现象进行系统的研究说明,从而制定一系列相关政策制度,使资源配置更加合理优化。产业经济学的基本理论揭示了产业结构、产业布局、产业组织、产业发展的规律,为制定正确的产业政策提供了理论指导。研究产业经济学,制定正确的产业政策,不仅影响到产业内企业规模经济优势的发挥和竞争活力,而且影响到产业整体的发挥。我国的产业组织存在不少弊端,企业整体规模偏小,竞争力偏低,"小而全""大而全"现象较普遍,这些都影响了我国产业整体的发挥。研究产业经济学就是探寻不同的市场结构、不同企业规模的优劣,研究规模经济形成的原因及优点、过度竞争的形成途径和消除方式等,找出最有效、最合理配置生产资料的市场秩序、产业组织结构,制定正确的企业组织政策,实现市场的有效竞争和充分利用规模经济。

(二)有利于企业正确选择投资领域,提高资本使用效率

每一个产业都会经历一定的生命周期,其产生与发展轨迹为:幼小期—成长期—成熟期—衰退期—淘汰期。每个企业在每一个具体的发展阶段都会有不同的发展特点。针对不同的发展阶段做出不同的发展战略是企业的基本任务。这就需要企业要有敏锐的目光,作出准确的判断。此外,企业要有远大的发展目光,研究整个市场大环境,针对市场竞争采取一定的应对措施。制定相应的应对策略,以最优的面孔迎接挑战。

(三)有利于促进产业组织、产业结构和产业布局的合理化

产业结构决定着资源在产业之间的配置问题,因而也就关系到国民经济协调高效发展。相对于产业结构的局部性而言,产业布局范围更广,它涉及地区间产业与产业的问题,也就是说,产业布局决定着资源在地区之间的配置问题,以及各地区的比较优势问题。这关系到地区经济能否协调健康发展。产业组织则涉及产业内部的企业与企业之间资源配置的问题,它研究的范围更加细化。产业组织的合理与否关系到企业的效益能否提高、产业能否顺利发展。产业经济学全面系统地研究了产业结构、布局、组织等各方面的状况和变化规律,提出了各方面合理化的标志、影响因素和实现途径。人们掌握了产业经济学的理论,就能自觉有效地推进产业各方面的合理化。

在经济发展的不同阶段,总量矛盾(总供给与总需求)与结构矛盾(产业结构与很多需求结构)常常处于不同的地位。上文已经提到过,改革开放以前,我国太过偏重重工业的发展,造成不同产业的结构严重不协调,严重制约了经济的发展。改革开放以后,我国一直致力于产业结构的调整,成效显著,但是,我国产业结构目前还存在很多问题,如粗放式的发展造成资源的严重浪费,精加工、深加工生产能力不足等。改革开放以来,随着社会生产力的发展,市场的不断发育,经济结构的调整,经济总量矛盾得以缓和,有的产品还出现相对过剩。但结构转换严重滞后于总量增长,结构性缺陷上升为主要矛盾,迫切需要进一步调整产业和产品的结构,推动产业结构升级,研究产业经济学正是为了揭示产业发展的规律性,实现产业结构高度化,促进各产业部门的协调发展。产业经济学的研究对促使我国产业结构向高水平演进,增强产业的竞争能力,促进经济又好又快发展具有重要意义。

产业的合理布局对于充分发挥各地区的经济比较优势和地域优势有重要意义。过去,我国产业布局有许多不合理之处,大城市工厂聚集过密,江河上游和沿江河布局污染企业造成环境污

染严重,"大三线"工厂过于分散等。研究产业经济学就是要探寻产业布局的一般规律和基本原则,制定正确的产业布局政策,将产业布局和区域分工相结合,使产业布置在最有利于发挥优势、提高经济效益的地域,实现产业的合理布局。

三、现实意义

每个理论的研究最终都要归于对实际的指导。产业经济学也不例外。深入学习和研究产业经济学,对于建立社会主义市场经济体制。推进我国社会主义现代化建设步伐,具有重要的现实意义。具体表现在两个方面。

第一,中国经济在追求快速发展的同时,逐渐开始注重其更深一层的意义,那就是"怎样发展""实现什么样的发展"。"新型工业化道路"和"科学发展观"逐渐提上日程,这是每个企业寻求可持续发展的必由之路,因而,对于一名经济学人士。或者一名企业家来说,产业经济学的教学和研究工作就更加具有挑战性。

第二,学习和研究产业经济学有利于我国经济结构的优化调整。社会经济的发展过程,不仅表现为"量"的增多,还表现为结构的优化,特别是产业结构由低级向高级的演进过程。当前我国结构性矛盾特别突出,学习和研究产业经济学,有助于实现产业组织的合理化,产业政策的科学化,产业结构优化和产业布局合理化。

第二章 产业经济学前沿问题研究及新进展

产业组织理论的研究成果日益引起了学术界的关注和重视，把握国内外产业组织研究的前言问题和热点问题，缩小国内外研究差距，发展有中国特色的产业组织理论，是产业组织学者必须承担的历史使命。

第一节 企业、企业成长及关系网络问题研究

企业关系网络对企业的发展至关重要，企业网络作为现代企业的一种存在方式，是一种越来越普遍的经济现象。企业网络理论则随着企业网络的发展不断得到完善、发展。

一、企业网络的含义

对于企业网络，西方经济学家至今尚未达成一个明确的定义。黄泰岩根据学者们运用这一概念时赋予它的含义，将其归纳为广义和狭义两类。广义来看，企业网络泛指与企业活动有关的一切相互关系以及由所有信息单元所组成的 n 维向量空间。狭义上说，企业网络是指企业和市场相互作用与相互替代而形成的企业契约关系或制度安排。我们不妨借助上述定义，把企业比作多向量空间中分散的实体，把企业之间由建立准市场或超市场契约形成的制度关系比作纽带，那么，企业网络不过

是由企业之间多边准市场协调契约(或超市场契约)关系所形成的多维向量体系。①

二、企业网络的特征

(一)超市场契约

企业网络内部相关企业之间的商品契约通常为超市场契约。这种交易契约涵盖了过去不能够进入市场的交易内容。通常,市场交易是主要的交易内容与交易方式,非市场交易是提高市场交易效率的手段,在交易过程中,人们为使交易更加快捷、有效,会附加一些交易内容。这些内容是非市场交易,不存在独立的价格。交易各方根据一揽子交易中的成本收益分析,决定是否接受交易及进行交易的条件。从收益看,交易双方不限于对短期收益的追求,而通过直接或间接经验验证把握长期收益。

(二)非一体化下的合作

一般地,劳动合同的覆盖范围及企业的人数决定了企业的有形边界。在企业网络的环境下,企业边界缩小,企业规模压缩,但企业辐射的范围却在增大。生产制造越来越超越单个企业,依赖于多个企业的相互合作。

企业网络是伴随着非一体化同时发展的。非一体化包括很多路径:有垂直分解,由不同企业分别承担原来企业要负责完成的各个环节;有增加生产迂回度,由一些企业专门为相关企业提供生产设备和工具;也有外包制,将加工制造环节从原企业中分离。

(三)组织间协调

信息的分散化,要求决策权的分散化,要求经济活动更多地

---

① 刘东.企业网络论[M].北京:中国人民大学出版社,2003,第13页

依赖小的元素单位,依赖元素单位之间的准市场协调。本只需在企业内部完成的事情,现在要通过企业之间的合作来完成。企业网络形式的协调将取代原来实体企业内部的协调工作。企业网络的特定组合和协调,可以改变资产存量的用途和运用方式,从而实现资源的优化配置。

企业网络式经营能够充分利用信息的横向传递,使得拥有信息的权利、信息优势与决策权相一致,实现所有权结构、信息结构与决策结构三个结构相结合。企业内信息主要是纵向传递的。企业纵向一体化,形成并加剧了信息纵向交流,人为构造的纵向信息系统是对自然分散分布的横向信息系统的扭曲,影响到信息传递速度和真实性,以及运用信息的能力。

最近20年来,相继出现并发展出多种企业网络形式。如虚拟企业、战略联盟、供应链协调、外包或下包制构成的企业网络、企业集团、企业集群等。

三、企业网络研究综述

企业间网络因其具有强有力的竞争力,日益得到重视,很多企业积极组建企业间网络。企业间网络的发展,也提出了一些新的值得研究的课题,包括如何界定企业间网络的边界,如何进行企业网络治理等。

杨瑞龙、冯健在《企业间的效率边界:经济组织逻辑的重新审视》一文中重新审视了组织的逻辑,分析了网络替代科层组织与市场所应具备的条件,并把生产的维度、交易的维度、资产的专用性、不确性、企业能力等视为一个完整的组织理论应考虑的因素。企业能力的局限性促进了企业间网络的形成。网络应对不确性特别是需求不确定性的优势更加明显。季建伟、邱菀华在《基于企业"套牢"效应的企业边界分析》中,研究了套牢问题解决的非一体化的方式,探讨了企业外包、分立等大量出现的原因,并分析出在计划交易总量不变的情形下,降低单次交易数量、增加交易次数是增加交易者的诚实交易的一个有效途径。

产业集群,尤其产业集群的嵌入性和产业集群的风险研究,是近几年国内产业组织研究的热点。如朱华晟的《浙江产业群》,通过对浙江产业集群的研究,分析了社会网络在产业集群形成过程中的作用,产业网络对企业效率及产业效率的影响,并指出政府的引导、支持以及相应的产业政策对产业集聚具有推动作用。正式制度、文化传统等也是影响产业集聚的重要因素。一个地区的产业聚集是与更大的产业聚集紧密相联的。

蔡宁等在《企业集群风险的研究：一个基于网络的视角》一文中讨论了网络风险及其结构性风险、周期性风险。他们对网络风险的分析包括三个方面:一是网络的结构不同,其风险也不同,其中轮轴式结构风险比其他结构风险都要大;二是网络中存在的关系、信任等将是企业创新的阻碍;三是网络中存在主体活动及相互影响的风险。由这三种风险构成的网络风险与结构性风险、周期性风险有密切关系。在产业集群的诞生期和发展期,网络因其自增强机制会加速产业集群规模的扩张,一旦进入衰退期则会加速产业集群的消亡。

第二节　产业集聚与集群问题研究

近年来产业集群理论研究的进展主要有以下几个方面:①产业集群的产生和发展机制研究,包括产业集群形成的市场自发性机制,产业集群的影响因素等。②产业集群与创新,以集群内部企业的创新、集群式整体创新等问题为研究重点。③产业集群与经济增长,着重探讨产业集群化对经济增长的影响。④产业集群的政策研究,重点探讨各国的产业集群战略和政策实践等。

一、产业集群产生与发展的动力机制

在产业集聚形成的动力机制讨论中,主要有三种观点。

一种观点认为,产业集群、集群空间结构的形成完全是自发的、偶然的,受非市场因素的影响非常有限。即在什么地方形成什么样的产业集群都是偶然的。

另一种观点认为,产业集群的形成得益于一些确定的因素,如地区位优势、需求结构、政府政策、文化氛围等。

还有一种比较折中的观点。认为产业集群的影响因素是全面的、综合的,既包括偶然因素又包括非偶然因素,既受市场因素的影响,也受非市场因素的影响。如王缉慈等指出,产业集群主要依靠市场自发形成,但也受地区比较优势、政府调控措施等因素的影响。魏后凯认为虽然产业集群是在市场机制的作用下自发形成的,但是政府的作用不容小觑,其在良好外部环境的创设、引导产业集群合理布局、保持产业集群发展方面作用明显。从产业集聚的发展过程来看,折中主义的观点更符合实际情况。

二、产业集群与创新

由于产业集群中企业的聚集,衍生出许多企业间学习、交流的共生机制,再加上产业集群内存在大量的研究机构和注重创新的企业,产业集群中企业的创新活动更加频繁和活跃。

集群化对企业创新绩效的影响表现在需求与供给两个方面。从需求方面看,集群化带来规模效应,为集群企业构筑市场优势,增强其对供应商和用户的吸引力。在产业集群中,供应商提供服务的对象增多,用户对同类企业的搜寻也变得相对容易和便捷,用户的聚集反过来又能成为主要的信息来源。

从供给方面看,企业的聚集,有利于促进企业的专业化分工和企业的创新活动。产业集聚为企业创新活动提供了一个良好的环境和平台,分散并减轻了企业创新的费用和压力。

三、产业集群与地区经济增长的关系

产业集群是一种重要的产业组织形式,能够有效地推动区域经济增长,区域经济增长进而带动地区产业发展。

首先,产业集聚产生的规模效应,能够促进地区经济的增长。产业集群深化了集群内企业分工,提高了企业的专业化水平。此外,集群内企业的集中和相互关联,使劳动力市场规模效应和中间投入品的规模效应等显现了出来,进而促进企业效率提高和产出增加。

其次,集群能加速技术进步和扩散。技术进步在现代经济增长中占据重要地位。技术创新是推动技术进步的根本,而技术创新的发展在于技术创新体系。产业集群作为重要的创新体系,能够为企业创新提供有利条件,并促进新的创新模式——集群式创新的形成。因此产业集群在技术进步中具有重要的作用。企业集群对技术进步的另一个作用则表现在加速技术扩散上。集群内部企业毗邻,联系紧密,技术交流时常存在,这就加速了技术的扩散。在技术扩散过程中,新设备、新工艺被广泛应用,地区市场竞争力得到提升。

最后,产业集群对区外的技术、资本和劳动等生产要素具有吸引力。产业集群本身是这些生产要素集聚的结果。在这些要素已经聚集的基础上,相关企业和组织若条件允许一定会向集群地区迁移。

综上所述,产业集群能够激发分工的优势、发挥规模效应,加速技术进步和扩散,吸引生产要素进一步聚集,因而对经济增长有较大的促进作用。同时,地区经济增长也会影响集群的发展,如地区经济繁荣,各方面的发展趋于完善,产业也会聚集发展,如果地区经济萎靡,也会影响产业集群发展的速度。总之,产业集群与地区经济增长密切相联,彼此促进。

四、产业集群战略与集群政策研究

产业集群受多种因素的影响。在诸多因素中,政府的政策引导十分关键。所以,产业集群的形成和发展中一定要重视发挥政府的作用。

政府政策要考虑地区的资源禀赋及其实际状况,在遵循这些条件的基础上,重视市场经济规律,加强企业的联系和互动,完善区域内企业间的发展机制,形成有竞争力的产业集群。

政府在制定产业政策的过程中,应认识到仅依靠地理上的集中并不一定能够带来集聚效应,仅仅划定"工业园区",把企业和组织集中在一起,也不一定能够取得很好的聚集效果。产业集群要着眼于地区内部的相互联系,注重内部企业等组织之间的关联。解决好产业集群面对的创新和应对冲击两个方面的重要问题。产业集群的创新模式有其自身特点,因而促进产业集群创新的政策也要符合创新模式的特点。产业集群的抗风险能力的特殊性也要求我们必须制定有针对性的政策,比如在冲击到来的时候政府能够宏观地调控和引导,对整个产业或区域给予扶助,以帮助整个集群渡过难关。

第三节　国内产业组织理论研究新进展

伴随着博弈论与计量经济理论方法的发展,以传统产业组织 SCP 为基础的新产业组织理论逐步发展起来。国内组织理论研究热点主要集中于定价行为、生产率、研发行为等问题上。

一、定价行为

定价问题一直以来是产业组织理论研究的重要内容,为了反映国内学者对定价行为的研究现状,本部分拟从具体产业的分析视角,对平台产业与双边市场的定价行为、垄断特征的产业定价行为、信息产业的定价行为进行回顾与述评。

（一）平台产业与双边市场定价

平台产业是近年产业组织理论研究的热点问题,其中,平台产业的定价行为是平台产业研究的重点问题。胥莉等通过两阶段模型,研究了平台企业的间接定价策略,认为在双边市场具有初始规模优势,并且同时具有较高品牌价值评价的平台企业将设定更加倾斜的价格结构,以通过这种倾斜价格结构的强化机制削弱竞争对手。但是,当双边市场的交叉网络外部性比较弱的时候,弱势平台企业可以通过不断提高双边市场用户的价值评价来获得更多的市场。

平台产业通过两边不同的定价策略实现利润和社会福利的最大化。在两步制收费的情况下,平台匹配技术和差异化程度分别是垄断平台和竞争性平台盈利的关键,同时,双边用户的交叉网络外部性也对平台产业的利润水平具有显著影响。在公共政策方面,平台产业政府规制的有效性客观上需要一套适用于双边市场特征的产业规制理论加以解决。

张廷海就两步制收费下不同类型平台产业的定价策略问题展开了研究。其认为平台企业市场进入问题是平台产业创业的实质问题。创业平台成功的关键是运用投资与定价的方法,在尽可能短的时间内把双边用户"拉"到平台上来。其中,投资是创业平台通过对市场一边投资来降低该边用户参与市场的成本,而定价是通过免费或负收益的定价方式吸引另一边用户以达到临界规模。

在双边市场中,价格决策问题成了众多学者研究的主要对象。其中,范小军和陈宏民从渠道中的制造商和零售商相对力量对比的角度,采用博弈理论对渠道中的价格决策问题进行了研究。其在分析渠道价格决策时,将产品和零售商的差异考虑进去,将产品差异视为产品成本和产品品牌差异,同时将零售商的差异归结为零售成本和零售商品牌的差异,并结合了需求函数和渠道权利结构对渠道价格决策产生的影响。研究表明,渠道权利结构、产品差异和零售商差异均对渠道价格决策产生影响,且对不同制造商和零售商的影响程度有较大的差异。

（二）垄断特征的产业定价行为

近年来，具有垄断特征的电信市场和房地产市场的价格问题备受关注，一些学者对此进行了关注。其中，安玉兴和田华分析了电信产业中拥有本地市话网络的在位者在下游市场（长途电话网络）面临潜在进入者竞争运用的两厂商模型。两个厂商关于成本的信息是非对称的，潜在进入者进入市场的决策将会影响下游市场的市场结构，即下游市场竞争结构不是外生的。他们认为，规制者基于社会福利最大化所设计的零售和接入价格机制，在潜在进入者的成本是私有信息的情况下，对进入决策乃至市场结构都有很大影响。高波认为，由于中国房地产市场存在环形竞争和显著的产品差别，并且以增量房地产为主导，这最终形成具有较强垄断性的房地产市场。房地产开发商在制定房地产价格时会采用一般垄断厂商制定价格时的策略。此外，一些独特的价格策略也被房地产开发商所运用，如外部效应内部化、增值诱导定价及制造短缺挤压以引致剩余需求扩大等，这些多角化的定价策略增强了中国房地产业的市场势力。政府对房地产开发商的定价行为应积极采取措施进行规制。

非线性定价与掠夺性定价、捆绑销售均能体现垄断势力。非线性定价理论的经典研究及最新文献都假定一个企业独占市场，但这一假设与现实情况并不相符。工业化国家20世纪70年代以来开始对公用事业部门进行市场化改革，引入竞争，使之转变为寡头垄断市场结构。20世纪末、21世纪初我国通过对原有垄断企业进行分拆重组，打破了电信、电力等产业垄断，将这些产业的市场结构由独家垄断转为寡头垄断。所以说，将非线性定价理论引入寡头垄断产业的研究具有非常的意义。王文举和徐伟康通过对非线性定价下寡头垄断产业的消费者行为和市场格局的研究发现，当两个企业的固定费用与边际价格的差异不一致时，低类型的消费者对低固定费用、高边际价格的产品偏好，但高类型的消费者的偏好则相反，同时还存在某种类型的消费者对两企业的产品无差异,从而可将市场分割为两部分。徐伟康利用一个扩展的非线性定价模型分析双寡头垄断企业最优非线性定价行为与市场均衡,并得出非对称均衡结果。由于竞争压力,双寡头企业不能实现垄断定价,在均衡时,低成本企业和高成本企业的非线性价格都低于独家垄断企业制定的非线性价格。在对称的均衡结果中,低成本企业的边际价格高于边际成本,而高成本企业的边际价格将低于边际成本。

现阶段,关于掠夺性定价行为的研究相对较少,传统对掠夺性定价这种不正当竞争手段的研究和监管主要集中在国内市场,而探究掠夺性定价策略在跨国并购中的应用和影响是对掠夺性定价理论的一个有益拓展。张敬来等通过构建不对称信息下的两阶段竞争——并购博弈模型,验证了在满足一定条件下,跨国并购中的收购方企业可以通过在产品市场实施掠夺性定价策略来降低并购成本,并通过并购成本节省额大于实施掠夺性定价的市场利润损失额来最终获取不正当利益。捆绑产品的数量搭配是否合理,直接关系到企业营销策略的成败。陆媛媛和李明芳研究由一个制造商和一个零售商组成的供应链系统中,当制造商采取赠送式捆绑销售策略时的最佳捆绑方式及零售商的最佳订货批量问题。在产品市场需求量不确定的情况下,分别给出了制造商和零售商的总利润模型,并在此基础上,建立了以整体利润最大为目标,以制造商和零售商的利润不小于实行捆绑销售前利润为约束条件的优化模型,并通过仿真求解对模型的有效性和实用性进行了验证。

(三)信息产业的定价行为分析

信息产业与传统产业存在一定差异,因此,其定价行为也具有明显的独特性。网络型产业的兴起和发展是现代经济的重要特征之一,电网、电信、铁路、民航、石油、邮政等各个产业都有网络型厂商的广泛分布。徐传谌和刘凌波转换了传统的新古典主流经济学的研究视角,将市场约束引入网络型厂商的内部,假设在不能有效地改变市场结构和维持价格管制策略的前提下,深入地分析了网络型厂商内部的结构和特征,以及执行规制价格会造成社会福利损失的问题,最终认为通过改变以资本结构为核心的公司治理机制,可以建立起网络型厂商内部和资本市场上的利益制衡机制,进而制约经理层以价格决策为核心的市场行为,达到弱化网络型厂商市场势力和垄断产品价格柔性下调的目的,将外部无法实现的约束和制衡引入到网络型厂商内部,从而使全社会资源和利益配置实现帕累托改进。

信息产业的发展为定价理论提供了新的研究对象,其中,网络游戏运营商的定价行为因其产业的特殊性而呈现出新的研究结论。杨剑侠等基于3D收费网络游戏的谋利问题进行初步的实证研究,并对每款游戏玩家的长期折现因子和短期折现因子进行了探索性的校准讨论,进而对各款游戏玩家的行为类型进行辨别。经验分析结果初步显示,收费网络游戏运营商主要采取垄断定价方式,并利用玩家的上瘾行为进行牟利,而大部分游戏玩家是理性的消费者,一小部分玩家存在自我约束问题,且更可能是心理成熟型消费者。

综上所述,国内学者对定价问题的研究主要集中在具有垄断特征的产业、平台产业、双边市场、信息产业等,其研究成果日益丰富,实证研究方法成为该领域的主要研究方法,随着时间的推移、制度的演变、技术的进步,定价问题的研究将呈现出新的发展趋势。

二、生产率

改革开放以来,中国 GDP 持续保持 7% 以上的增长率,取得了令世人瞩目的成就。但是,对于这一成就却有许多学者提出质疑。有学者认为,中国的经济增长与 20 世纪八九十年代的东亚"四小龙"类似,终究会陷入增长困境。学界对中国的经济增长的质疑主要集中在中国经济增长方式上。一些学者将中国的经济增长归结于过多依赖于要素投入、多度的外资引入与对外贸易，但其实经济增长质量不高，快速发展的速度很难维持下去。经济增长质量的测定及分析一时间成为许多学者的研究内容。张军研究发现，1992年以来我国全要素生产率的增长率出现下降趋势，90年代末则变为了负值，这主要归因于我国出现的较强的资本深化，投资的拉动在经济增长中占的比重过大。此外，他还对中国增长前景表示担忧，认为粗放式外延扩张的增长方式是不可持续的。

随着资源总量的降低，经济的不断发展，传统以劳动、要素投入为典型代表的增长方式，势必将面临严峻的考验。主要依靠要素投入增加的经济增长是空洞、无内涵的，只有当技术进步发挥显著作用时，经济增长才能保持稳定。内涵的经济增长必须以生产率提高、技术进步为标志，因此，产业生产率与产业效率成为中国经济增长中的主要考察对象。

(一)生产率差距与收敛性分析

改革开放以后，中国取得了令人瞩目的成就，但另一方面，中国的经济发展呈现出严重的不平衡性。在城乡之间、产业之间、区域之间、所有制差异之间等诸多领域，由于政府政策、自然资源等因素形成了形形色色的经济发展差距。只有正视差距，分析差距，并寻求应对之路，才能真正提高中国的生产率。即使放任经济的发展，由于学习与溢出效应，各种差距也应当有收敛的趋势。

农业的可持续发展是我国经济发展的重要问题。农业部门在20世纪70年代末的经济体制改革中获得了快速增长，但是若想保持发展必须依靠技术进步。由于中国农业经济发展存在资源匮乏、人力资本禀赋稀缺以及生态环境压力大等问题，科技进步在生产率提高中的作用更加重要。农业生产率的提高，为非农产业发展提供了所需要的劳动力，高效非农产业的再配置成为中国经济增长的一个重要源泉。由于DEA方法评价多投入多产出情形下的效率具有独特优势，因此很多学者均以DEA方法为研究的基础。曾先峰和李国平用DEA方法估算了我国28个省级行政区1980—2005年的农业生产率,并对生产率的收敛性进行了检验。研究表明,中国农业生产率增长的主要源泉是技术进步,东部地区的生产率增长率与技术进步率要快于中、西部地区;在技术效率上,中、西部地区均有不同程度的恶化。收敛性检验表明,中国农业生产率在总体上存在收敛趋势。

由于统计年鉴的数据过于宏观,难以得到细致的结论,就统计研究而言,最好的方式是取得微观数据,而非使用宏观数据。因而,赵蕾等就使用来源于《全国农产品成本收益资料汇编》(1980—2004年)的微观数据进行生产率分析,弥补了统计年鉴数据的不足。时间序列分析方法或截面数据被应用于有关收敛的经验研究。基于对收敛的不同定义,截面数据分析方法主要讨论的是如何实现向均衡增长路径的转变,在时间序列分析方法的收敛中,研究者可以运用协整和单位根方法来考察相对收入水平的长期偏离。

同时,也有许多学者对工业生产率增长差距与收敛进行了研究。谢千里等就对中国的工业生产率增长与收敛进行系统分析,着重研究了生产率在多大程度上促进了中国工业经济的增长、不同所有制类型的企业生产率表现差异以及区域间工业生产率的收敛问题。

由于全要素生产率的前沿性,可以将其分解成技术进步与技术效率,因而大多文献都喜欢将其作为生产率的代表。但是,对于特定的研究而言,其他变量也能发挥良好的作用。陶洪和戴昌钧采用DEA前沿生产方法,用技术效率变化、纯技术进步、人均资本的规模效率变化和资本强度变化四项劳动生产率指标,对1999—2005年中国省际工业劳动生产率变动的因素进行了分析。研究表明,技术进步对中国工业劳动生产率的改善起了重要作用,技术扩散促使经济相对落后省份的工业生产率超过了经济发达地区,从而得到生产率收敛的结论。高帆和石磊采用指数方法实证研究了1978—2006年我国内地31个省、自治区、直辖市劳动生产率的收敛性问题。他们将劳动生产率增长分解为纯生产率效应、鲍默效应和丹尼森效应。研究表明,各省份劳动生产率增长主要是依靠纯生产率效应驱动的,这种状况在1993年之后得以强化。在各省份劳动生产率增长中,丹尼森效应贡献度较小,这与农村劳动力非农化流转的交易成本较高有关,而纯生产率效应的贡献最大,这与分工演进和资本深化有紧密关系。

(二)生产率与经济增长关系分析

中国的增长问题曾经被世人认为是一个谜,就在对这一谜底的探寻过程中,一些学者对中国的经济增长存在质疑,其中2008年诺贝尔经济学奖得主克鲁格曼就是其中之一。无论质疑有多强烈,中国增长的事实是人所共知的。无论是通过改革还是开放,抑或是技术的引进,学习能力的提高,中国收获了足以令人骄傲的成果。当然,在这一过程中也有一些学者冷静、深入分析了中国生产率与经济增长之间的关系。

已有研究表明,中国经济增长方式仍属资本驱动型,但是中西部地区为什么未能从政府主导实施的旨在缩小地区差异的财政转移支付等政策中获得更快的发展?人力资本是解释国家、地区间经济增长差异的重要因素,人力资本对经济增长的机制的作用会因经济发展的阶段性与特殊性而有所差异。考察人力资本对生产率的影响在区域内的差异,进而分析其对经济增长的影响也是一个重要的课题。刘智勇和胡永远构建了一个协调发挥技术进步与要素积累作用研究中国地区差异的综合分析框架:人力资本—全要素生产率—要素边际生产率要素积累—经济增长。基于中国省际面板数据的经验研究支持了该分析框架。并得出结论,人力资本对全要素生产率具有明显的促进作用,全要素生产率能够提高劳动边际生产率,延缓资本边际生产率下降,进而促进资本、劳动的积累,加速经济增长。该文通过在回归方程中使用滞后两阶的FDI变量、以滞后一阶的FDI作为FDI的工具变量、运用工具变量法估计方程等方式,有效地解决了外商直接投资的内生性。

在关于生产率对经济增长影响的分析中,状态空间模型得到广泛应用。陈娟利用状态空间模型来刻画全要素生产率增长的变动情况,认为中国全要素生产率增长的变化主要经历了三个阶段:波动增长期(20世纪80年代)、稳定发展期(90年代)和下降恢复期(2000年以后)。比较研究生产率对经济增长的影响也是考察技术进步的一种方法,通过比较可以清楚关注区域相对生产率水平。

一些学者研究了生产率增长对区域协调发展的影响。涂正革采用 Malmquist 指数和 DEA 技术,研究中国28个省(自治区、直辖市)1995—2004年大中型工业企业的生产力源泉以及地区间的发展差距,研究支持"技术进步是区域工业经济收敛的源泉"的结论。用同样的方法,涂正革的研究表明,整体而言,TFP增长对中国大中型工业快速增长的推动作用越来越大而要素投入对产出增长的贡献逐渐减弱;地区之间发展的差距依然显著,但无论是人均产出还是增长速度,地区之间的差距在逐渐缩小;随着中国工业经济的快速增长,TFP对缩小地区间工业发展差距的作用越显突出,资本要素的作用并不明显;同时将全要素生产率快速增长归于四大因素:竞争、全球化、外商投资和民营化改革,以及经济扩张期;全要素生产率增长,已成为区域经济和谐快速发展的中坚力量。

在整体的中国经济增长方面,吴延瑞将随机前沿生产函数应用到全要素生产率分析中。通过他的方法研究得出,全要素生产率的增长平均解释了中国经济增长的27%,远小于对日本和德国的类似估计值(分别是50%和58%)。但是,研究结果中依然存在生产率促进经济增长的痕迹,即全要素生产率的增长平均解释了1993—2004年经济增长的约27%。技术效率虽随时间显著波动,折射出内部和外部经济条件的不断变化。技术进步随时间趋于相对稳定,但规模效率几乎没有表现出对所关注时间段的中国经济增长有任何贡献。就中国改革而言,郑京海等发现改革的措施往往导致对全要素生产率(TFP)的一次性的水平效应。可以说,改革依然是中国经济增长的有力冲击。

三、研发行为

研发能以新的生产方式重新配置生产要素,并形成新的生产力,实现更大规模的生产或创造更多的劳动成果。随着中国改革开放的进一步深入,想要维持经济较高水平的长期稳定增长,增强国内企业的国际竞争力,提升企业研发能力是重要环节。因此,近年来研发问题引起了国内外学者的高度关注。

(一)研发效率问题分析

近年来有关中国研发效率问题的研究主要集中在企业与产业层面。现有文献对中国背景下的产业研发效率,以及影响研发效率的内部要素投入和相关因素的研究存在某些局限性。朱有为和徐康宁认识到研发资本投入和研发人员投入都应被包括在研发投入内,研发资本投入选取的指标应是滞后一期的研发资本存量,其中研发资本存量的计算以每一年研发支出为基础。邓进认为,因研发投入要素包括研发人员投入,所以研发资本存量应以每年研发支出减去人员劳务费的差值为基础进行计算。吴延兵在研究中国工业产业研发产出效率时,着重考虑了规模变量、产权变量、绩效变量三个影响因素,朱有为和徐康宁在研究中国高新技术产业研发产出效率时,考虑了市场结构、企业规模、产权结构等因素,对相关影响因素的研究不够全面。

企业研发效率与本地区发展水平密不可分。基于地区视角的研究主要是对各省区的创新效率进行测算,目前对不同地区效率差异的研究尤其是对地区研发创新全要素生产率增长的研究还较少。叶娇从研发组织的信息获取和知识转移的角度,分析地区信息化、地区科技水平和地区技术市场发展水平对区域内外资研发效率的影响。其采用2004—2006年我国25个省(自治区、直辖市)的外资工业企业研发活动为样本研究外资研发效率。发现地区的不同、科技条件的差异以及各地方对外资研发创新的激励政策差距等因素,都会影响各区域外资企业的研发效率,因此,随机前沿生产函数方法更适合于研究需要。研究显示:外资企业在华的研发效率普遍很低;地区间研发效率值出现了严重的不平衡现象;由于我国技术市场发展不成熟,实证中技术市场对外资研发效率的影响还比较小;地区信息化发展水平和科技实力都与本地区外资研发效率存在正相关关系。

白俊红等对各地区研发创新的相对效率及全要素生产率增长进行测算,探求全要素生产率增长的动力来源,并以此为基础比较其地区差异。其研究发现:全国整体研发创新技术效率均值为 0.695,尚有超过 30% 的提升空间;东、中、西部三大地区研发创新技术效率不同,东部最高,中部其次,西部较低,显示出研发创新与经济发展的较好结合;全要素生产率的提高根本动力在于技术进步,而技术效率在考察期内并没有发生明显变化。

从上论述可以看出,国内关于企业研发效率研究的不足之处主要表现在以下几个方面:在数据的统计类型选择方面,学者们往往只选用单一的绝对数或是相对数进行研究,缺少将绝对数与相对数相结合的尝试,在分析验证方面,相互印证的分析方式运用的还较少。但近年来也有学者试图对上述问题加以改进,王玉春和郭嫒嫣将描述性统计分析与数理模型分析相结合,采用绝对数和相对数两组数据对上市公司研发投入与企业绩效之间相关性进行分析,并对企业研发投入的累积效果问题展开研究。以制造业和信息技术业 A 股上市公司作为研究对象,利用上市公司公开发布的财务数据和有关信息,采用实证分析方法,分析研究了上市公司研发投入与产出效果之间的相关性。研究表明,上市公司研发人力投入与营利能力不呈正相关性,与成长能力不具有相关性;上市公司研发财力投入与营利能力呈正相关关系,与成长能力具有相关性;上市公司研发财力投入产出效果具有滞后性和累积效果。

关于政府研发资助的效率体现在政府资助政策的效力上。国内有关企业自主研发的研究虽有一定的进展,但其大多是采用工业企业普查数据、年鉴数据,基于产业层面得出结论,而不是建立在微观数据的全面实证观测基础之上。在这方面,针对上市公司研发行为的大样本研究,解维敏和唐清泉主要以我国上市公司的政府研发资助和企业研发数据为基础,从市场失灵和政府干预角度,研究了我国政府研发资助对缓解企业研发支出失灵的作用,以此判断我国政府干预企业研发行为的干预效果。其使用Logistic回归分析方法,检验政府研发资助与企业研发行为之间的关系,研究发现,政府研发资助对企业研发支出有一定的刺激作用。作为对中国市场环境下政府研发资助与企业研发支出行为的初步研究,由于上市公司数据披露有限,部分研究变量难以从上市公司数据中直接取得,政府研发资助和企业研发支出的数量是通过替代变量被间接考虑的,接下来的研究将努力搜寻具体的资助数字来丰富这一领域的研究。

(二)研发经济效应分析

研发的社会效应研究包括研发对经济增长影响的研究和研发对企业绩效影响的研究。在我国,由于公开披露的研发经费支出信息缺乏,中国民营企业研发投入和企业业绩相互关系的研究较少,而且一些关于民营企业研发投入的文献,多采用定性分析,而非定量分析。因此,将利用微观数据的计量分析方法运用到中国民营企业研发投入对企业业绩的影响的研究中很有必要。已有研究从微观方面对研发支出和企业业绩之间的关系做了有益的探索,但是,一元线性回归的分析方法具有较大的局限性,从而影响到结论的说服力。王君彩和王淑芳假设:①研发强度与企业的业绩正相关;②研发强度对滞后期的公司业绩影响更大;③研发及技术人员在企业总人数中所占的比重越大,企业的业绩越好。利用电子信息产业的相关数据,对企业研发投入和业绩的相关性从微观层面进行多元回归的实证分析。结果显示,我国企业研发投入和企业业绩存在不显著的正相关关系,研发强度对企业业绩的影响存在滞后效应。企业的研发投入水平偏低,对企业业绩的作用不明显;我国的企业自主研发意识不强,重在模仿和技术的引进、改造;缺乏高水平的科研人员和研发机构;应加强研发信息的披露。

周亚虹和许玲丽关注中国民营企业研发投入强度对企业业绩的影响。在分析浙江省桐乡市 21 家民营企业 14 个季度的面板数据后,发现浙江省桐乡市民营企业的研发投入对企业业绩的影响呈倒 U 形。倒 U 形的最大值出现在研发投入后(不包括投入当期)的第三个季度。对于民营企业来说,研发投入对于企业业绩的影响比起上市公司中研发投入对业绩的影响相对较小,这其中有多种原因:或由企业规模效应所致;或由企业原始积累所致;也可能是桐乡市的民营企业还没有真正走上依靠科学技术提高企业生产力的道路。民营企业在把引进的科学技术有效地转化为自身的生产力方面还存在一定的困难。所以,如何更加有效地利用技术进步提高自身生产力对民营企业来说,将是一个值得思考的问题。

中国的自主研发、技术引进对生产率的影响也是国内学者研究的热点。国内学者主要从三方面进行研发活动对经济增长的影响的研究:一是估计研发的社会收益率;二是对全要素生产率对研发资本的弹性估计;三是产出对研发资本的弹性估计。

杨朝峰和贾小峰研究了不同政府公共研发方式对经济增长的影响机制。研究结果表明:一方面,政府公共研发中的应用研究对企业研发产生挤出效应,能够降低总产出;另一方面,政府公共研发中的基础研究会产生社会知识积累效应,通过改变社会创新的成功率,使总产出得到提升。两种效应共同提高了企业的技术水平,最终使得稳定状态下的经济增长率得以提高。政府资助研发对企业研发产生拉动效应,提高了企业的技术水平,最终使得稳定状态下的经济增长率得到提高。

第四节 国外产业组织理论研究新进展

由于产业组织理论所涵盖领域非常广泛,为了突出近年来国外产业组织研究的主要内容和新进展,主要综述价格歧视、研发合作和纵向约束主题的研究文献。

一、价格歧视

经济学家很早就讨论和解释过"一物二价"的行为,并将其称为"价格歧视"(Price Discrimination)。经济学理论将价格歧视分为三类:一级价格歧视、二级价格歧视和三级价格歧视。最近,Fudenberg 和 Tirole 提出"实际上存在比标准分类更多的各种价格歧视"的看法,由此可见,随着时间的推移及外界条件的变化,新的价格歧视种类不断出现。纵观近 20 年国外价格歧视理论的发展历程,可以得出国外价格歧视理论主要有两大特点。

第一,价格歧视理论研究由垄断市场结构向寡头市场结构扩展。在很长一段时间内,价格歧视一直都被经济学家视为垄断厂商追求利润最大化的行为。但事实上,价格歧视并非垄断企业的"专利",学者们的经验研究发现寡头竞争下的价格歧视也很普遍,如 Goldberg、Verboven、Goldberg 和 Verboven 对汽车市场的研究,Leslie 对百老汇电影市场的研究,Clerides、Cabolis 等对图书市场的研究,因此将价格歧视简单视为垄断厂商的利润最大化行为是有失偏颇的,当前产业组织理论对价格歧视的研究已超出了垄断市场结构限制,开始向寡头竞争领域扩展。

第二,价格歧视理论研究由静态框架向动态框架扩展。随着现代信息技术的发展,厂商获得消费者的历史购买信息已成为可能,很多厂商利用这些信息来对消费者实施价格歧视。例如现代商业往来中很多购买行为都是通过计算机交易的,消费者的购买历史都被储存下来,商家很容易利用这些信息针对消费者制定歧视性价格,这在网购、超市、机场和信用卡领域最为普遍。依靠消费者的历史购买信息实施的价格歧视被称为动态价格歧视,又叫做基于行为或历史的价格歧视,在当前的产业组织文献中,对这种价格歧视的研究较为活跃。

随着理论研究的发展,可以从市场结构、博弈方式两个维度将价格歧视分为四种情况(表 2-1)。

表 2-1　价格歧视分类表

	静态	动态
垄断	垄断下静态的价格歧视	垄断下动态的价格歧视
寡头竞争	寡头竞争下静态价格歧视	寡头竞争下动态价格歧视

垄断下的静态价格歧视是其他价格歧视的原型,也是最经典的价格歧视,其他价格歧视都是在这一价格歧视基础上,将寡头竞争的市场结构或将动态的分析框架纳入该体系进行分析的,由此衍生出了以下研究领域:①传统的价格歧视理论在寡头竞争市场结构下的研究;②动态价格歧视理论在垄断条件下的研究;③动态价格歧视理论在寡头竞争下的研究。产业组织学家关注的焦点集中在这些价格歧视出现的缘由,它的福利后果如何,政策含义如何上。

基于此,我们试图对最近 20 年来价格歧视的文献进行分析,就各种"新型"的价格歧视理论进行重新分类,并对静态价格歧视与动态价格歧视理论进行系统分析,最后以此为基础,对价格歧视理论的发展趋势加以预测。

(一)静态价格歧视理论

国外学者主要分析寡头竞争市场结构下的静态价格歧视理论,因而本部分主要对寡头竞争的静态价格歧视理论加以综述。

1. 一级价格歧视

传统产业组织理论认为,由于价格歧视的存在,部分消费者剩余转移到生产者剩余,从而与反垄断法的宗旨相背离,因此应该制止。但 Thisse 和 Vives 的研究提出了不同的观点,他们在一个空间竞争的框架下对此进行分析,并认为每一个厂商都根据消费者的位置定价,这是典型的一级价格歧视行为,两位作者证明尽管厂商选择价格歧视策略优于统一定价策略,但是价格歧视的结果加剧了厂商间的竞争,消费者付出的价格不是上升,而是降低了,据此他们对《鲁宾逊-帕特曼法》针对价格歧视的规定提出质疑,认为禁止厂商价格歧视不是在反垄断而是在反竞争。Wallace 扩展了 Thisse 和 Vives 的框架,允许厂商根据消费者的特征进行投资,这将增加产品质量,他们得出与 Thisse 和 Vives 相反的结论:基于位置的价格歧视增加了均衡的利润。

以上的结论都假设厂商是固定数目的,但是放松这一假设,会出现什么后果呢?Bhaskar 和 To 就此问题分析了一个空间竞争模型,厂商被假设为是可以自由进入的,但是进入的前提是必须投入固定成本。他们的分析发现,社会福利结果并不能达到最优,完全价格歧视尽管使得厂商被激励提供最优的产品种类,但厂商的数量却是过度的,这是因为价格歧视使得边际厂商能够获得边际社会贡献,在效果上鼓励了过度进入,最终利润被固定成本消耗殆尽。

2. 二级价格歧视

国外学者较少对二级价格歧视进行经验研究,但 McManus 的研究可以说是难能可贵,他们在 Rochet 和 Stole 的理论分析基础上,对寡占下二级价格歧视进行了实证检验,他们首先估计了消费者的结构效应方程,该模型既包括用消费者品味表示的垂直差异化,也包含用消费者位置表示的水平差异化,然后根据估计方程及其成本数据再估计出每一产品的配置扭曲。McManus 的研究表明,经验估计的二级价格歧视扭曲效应与 Rochet 和 Stole 的理论预测非常一致,在顶端和末端的扭曲几乎为零。

3. 三级价格歧视

较早期的观点都认为,三级价格歧视如果要想改善社会福利,那么必须增加产出,这一问题的背后逻辑非常简单,即三级价格歧视下产品的分配使得消费者的边际效用存在差异,那么,克服消费无效率的唯一方法就是增加产出。但最近 Yoshida 和 Adachi 的研究认为该命题有失一般性,Yoshida 考虑了上下游市场结构,他假设上游的垄断厂商对中间产品实施三级价格歧视,下游的寡头竞争者使用中间产品进行生产,分析发现上游的价格歧视会影响到下游最终产品的产出。不过,下游产出的增加会导致社会福利下降而并非上升。由于上游的价格歧视效果是不确定性的,它有可能降低下游产出,也有可能提高下游产出,因此社会福利变化也是无法预知的。Adachi 则考虑了需求曲线的交互影响,交互影响的例子有:酒吧对女士提供折扣饮料不仅吸引女士,还可能会吸引男士,因为男士的支付意愿会随着女士数量增加而增加。他发现当存在这种需求外部性时,即使维持产量不变,三级价格歧视也能够改善社会福利。

(二)动态价格歧视理论

近年来,动态价格歧视理论成为国外产业组织理论中新的研究热点,学者们主要从寡头竞争和垄断的市场结构出发,探寻其动态价格歧视问题。鉴于此,本文主要分析寡头竞争下同质产品的动态价格歧视、寡头竞争下差异化产品的动态价格歧视、垄断供应下的动态价格歧视三个问题。

1. 寡头竞争下同质产品的动态价格歧视

根据商品供应者所处的市场结构的不同,动态价格歧视可以分为垄断供应下的动态价格歧视和寡头竞争下的动态价格歧视,相比垄断供应下的动态价格歧视,寡头竞争市场结构下的动态价格歧视更加受到关注。后者还可根据产品是否存在差异进一步分为同质产品模型和差异化产品模型。这里首先介绍同质产品模型,这类模型中,产品在使用前并无差异,但在消费者使用后会产生转换成本。因此,当消费者第一次面临购买决策时,所有厂商的产品对消费者而言是同质的,一旦购买使用后产品就会出现差异,消费者将偏好其第一次选购过的产品,即存在"锁定"效应,这主要是因为转向其他产品会涉及再学习成本、再交易成本等。

在同质产品的动态价格歧视中,厂商能够凭借初次购买信息,区分属于自己的消费群体和属于竞争对手的消费群体,并通过各种策略努力吸引后一部分消费群体。Chen较早研究了这种事前无差异模型,在他的模型中转换成本是均匀分布的,模型的动态过程是:第一阶段厂商首先进行价格竞争,消费者选择厂商,当第一阶段的购买发生后,消费者将被"锁定"在自己的当前厂商上。第二阶段厂商进行折扣竞争,厂商通过第一阶段的购买行为对消费者进行区分,向竞争对手的消费者提供更优惠的价格,以争取第一阶段失去的消费者。均衡结果是:由于厂商在第二阶段竞相吸引对方的消费者,因此该阶段价格总体水平下降(与实行统一价格时相比),折扣数量会随着转换成本的上升而上升,厂商实施价格歧视反而会使得自己境遇变坏,消费者不一定从中受益,转换成本的存在是社会福利净损失的根源。

在Chen的模型基础上,Taylor将其扩展到多阶段和多厂商,与Chen类似,他们认为动态价格歧视不仅降低了利润,还降低了福利,分析思路如下:在同质产品的市场上,当存在两家供应厂商时,由于竞争程度较低,厂商实施动态价格歧视仍可以从已有消费者和新的消费者处获得利润,但当存在三家或更多家厂商时,竞争可能很充分,此时厂商如果实施动态价格歧视,只有提供足够低的价格,才能吸引到其他厂商的消费者,最终只能从新吸引来的消费者那里获得零利润,而从自己的消费者处获得正的利润。总体而言,在Chen和Taylor的两个模型中,第一阶段厂商都削价以吸引和"锁定"消费者,第二阶段厂商对老消费者(被锁定的)索要更高价格,一般而言,该种情况下的利润和福利水平都低于无价格歧视的情况。

2. 寡头竞争下差异化产品的动态价格歧视

动态价格歧视理论的另一建模思路是假设厂商提供水平差异化产品,消费者一开始就对某一品牌存在偏好,第一阶段购买的作用不在于"锁定",而在于显示消费者的偏好信息,厂商基于这些信息在第二阶段实施价格歧视。当然,消费者的偏好是不随时间变化的,否则购买历史将无法为厂商提供有用的信息。尽管建模思路不同,这一类模型与 Chen 同质产品模型也有相似之处,那就是厂商都会在第二阶段竞相吸引失去的消费者。Fudenberg 和 Tirole 称这种吸引消费者行为为"偷猎"(poaching),在他们的两期双寡头模型中,厂商在第二阶段针对竞争对手的消费者展开"偷猎",由于每一家厂商都竞相"偷猎"对方的消费者,价格歧视实际上加剧了竞争。均衡时,虽然忠诚的消费者付出的价格更高,但是总体价格水平是下降的,动态价格歧视会使厂商自己陷入囚徒困境,而消费者则从中获益。与 Chen 等人的分析不同,Fudenberg 和 Tirole 的结论是价格在第一阶段出现上升,其背后的原理是:给定消费者预期第二阶段的价格会降低,他对第一阶段的消费会变得缺乏弹性,结果厂商能够索取一个更高的价格。

最近几年,Gehrig 和 Stenbacka 构建了一个两阶段空间模型,其中产品一开始就存在外生的转换成本,它是产品差异化的增函数,因此模型中产品差异化会内生决定转换成本。他们的分析结果表明,均衡时产品差异化程度达到最大,相互竞争的厂商有非合作的激励来尽可能提高转换成本障碍,其原因是厂商攫取利润与转换成本大小成正比,Gehrig 和 Stenbacka 的模型的最大特点是,转换成本事前存在但其水平决定是内生的。在 Fudenberg 和 Tirole 的两阶段模型的基础上,Chen 和 Zhang 构建了一个离散版本的模型,他们假设每个厂商都有一部分"铁杆"消费者,这部分人始终在特定的厂商处购买,只要该厂商的价格不高于自己的保留价格,"铁杆"消费者不存在转移行为。同时还有一部分价格敏感的消费者,这部分人只在出价最低的厂商处购买,他们的保留价格低于前一部分人,对于这部分人可能存在转移行为,厂商只针对存在转移行为的消费者展开竞争。在这一框架下他们证明,竞争性厂商根据消费者购买历史来制定价格能够使自己受益,这是因为为获得消费者的信息,竞争性厂商需要在第一阶段制定一个高价格来"筛选出"价格敏感性消费者,它诱导竞争对手在这一阶段也不采取进攻性价格策略,由于竞争程度是适中的,这一阶段价格将高于非歧视性定价。

3. 垄断供应下的动态价格歧视

垄断供应下的价格歧视不涉及厂商之间的策略性行为,这类动态价格歧视相对简单,最新的理论贡献者为 Villas-Boas、Acquisti 和 Varian。Villas-Boas 分析了垄断者实施动态价格歧视的问题,假设在每一阶段都有 1 单位的消费者连续进入市场,并存活两期,每一个消费者或者消费 1 单位商品,或者不消费,垄断厂商无限存活,耐用品的生产成本为零,并能够区分以前的消费者和新的消费者。分析表明,市场均衡的结果是价格来回循环,垄断者了解以前消费者的信息反而导致其利润下降,这是因为消费者意识到垄断厂商可能在未来索要更高的价格,从而削减当期的消费,长期合约的引入也不能改变这一结果。Acquisti 和 Varian 从另一角度分析了垄断下的动态价格歧视,他们首先建立了一个基准模型,其中消费者对商品评价值是常数,垄断的商家能够对未来进行承诺,分析结果表明,虽然商家利用以前的信息制定歧视性价格是可行的,但无利可图。该文进而将模型进行扩展,发现当大批潜在消费者是短视的,且隐匿信息的技术成本太高时,价格歧视变得有利可图,同时还列举了适用于这种价格歧视的产业特征:①交易使用计算机作为媒介;②提供"加强性"服务的成本比较低;③消费者群体的品位变化大;④重复购买频繁;⑤匿名购买困难。

综上所述,在传统的产业组织理论中,垄断厂商能够通过实施价格歧视更多地剥夺消费者剩余,消费者始终处于不利地位。但是在寡头竞争的市场中,问题将变得更加复杂,因为新的效应会出现。我们发现,对于寡头竞争者而言,实施价格歧视不仅存在"剥夺剩余"效应,还存在"加剧竞争"效应,当"加剧竞争"的效应为主导时,整体价格可能下降,厂商剥夺消费者剩余的能力也随之下降。我们综述中的大部分文献都支持价格歧视会加剧竞争这一结论,因此现代价格歧视的福利效果已与传统理论解释有了很大不同,这对当前世界各国的竞争政策提出了挑战:价格歧视是应该被允许还是被禁止?

二、研发合作

自熊彼特提出技术创新以来,学术界对技术创新和研发问题的研究从未间断过。经济环境的日新月异越来越要求新的技术与产品,因此,企业一方面通过自身研发中心研发,另一方面借助于研发网络进行合作。企业研发是近些年来产业组织理论研究的一个热点。对研发合作的研究可以追溯到1984年美国的《国民合作研究法案》,它允许在下游市场存在竞争关系的企业之间进行研发合作,由此引发了大量关于研发合作或者联合研发问题的研究。

企业进行研发的目的,主要有降低产品成本、增加产量、提高产品差异化程度等,以获取垄断势力。由于知识技术具有外溢性,研发过程中的信息及研发成果会扩散到社会中,这时整体社会福利会提高,但知识技术也会流向竞争对手,竞争对手会吸收知识并模仿,降低其研发成本,从而出现搭便车的情况,造成了技术市场的失灵。尽管知识产品存在外溢现象,但与企业单独研发并与其他企业之间竞争相比,处在同一市场的企业进行研发合作、共享知识技术,既能降低研发成本与研发风险、提高企业利润,又能够增加社会福利。所以允许企业研发合作对企业和社会都是有利的,同时还能解决技术市场失灵的问题。

(一)研发合作的理论分析

近年来,学者们主要将博弈论的理论与方法运用到研发合作中,对研发合作问题进行理论分析。一些模型构建目的在于降低成本,其中,AJ 模型尤其重要。D. Aspremont 和 Jacquemin 设立了一个两阶段模型,即研发阶段和产品阶段,并假设市场上只存在两个企业,他们生产相同产品,且面临相同的需求函数,在第一阶段决定研发投资量,在第二阶段决定产品数量或者产品价格。AJ 研究结果表明,在溢出率较高的情况下,不管是从社会还是从私人角度来看,企业都会选择合作研发的生产方式。但是在溢出率较低的情况下,虽然合作研发依然能够产生较大的社会福利,但竞争研发却能够给企业带来较高的利润,竞争对于作为研发主体的企业来说是一个更好的选择,这时激励研发合作的效果在个人和社会之间产生了冲突。近年来不断有学者将 AJ 模型同其他模型进行比较,一些学者对该模型的结论提出质疑。其中,Amir 将 AJ 模型和 Kamien 等设定的 KMZ 模型进行了比较。KMZ 模型也是一个受到广泛关注的两阶段模型,但模型中假定市场中的厂商数目大于 2,且存在产品差异化的现象。Amir 分别评估了两个模型对现实中研发合作问题解释的有效性,他通过对两个模型包含的变量及均衡结果进行分析,发现与 AJ 模型相比,KMZ 模型作为一个研发策略模型是更有效的,它能够更广泛地用于解释大部分产业的研发合作问题,而 AJ 模型只能对某些特定产业的研发过程进行有效的解释。例如,AJ 模型能够为科技工业园(如硅谷)的形成做出有利的解释,AJ 模型认为企业能够从这类园区中得到很大的研发外溢效应,而这种外溢带来的正面影响要比竞争带来的负面影响重要得多,于是,企业为获得知识外溢,就会集聚在一起,最终形成工业园区。而 Cellini 和 Lambertini 构造了一个与 AJ 模型的基本成分相近的双寡头古诺模型,并运用动态博弈的分析方法,最终得出的结论与 AJ 模型并不相同。他们比较了厂商在采取单独研发及合作研发两种研发方式下,各自的企业利润与社会福利的子博弈完美均衡结果,发现并不存在社会及个人激励相冲突的情况,不管溢出水平是高还是低,研发合作对企业对社会都是更好的选择。

众所周知,知识是外部性很强的产品,厂商创新的成果很可能外溢到竞争对手手中。因此,为了刺激厂商进行研发,专利制度应运而生。而厂商为了争夺市场地位,便会进行专利竞赛。很多学者研究了对厂商做出研发合作的决定产生重要影响的因素。Amir 等指出区分外溢输入和外溢输出对研究研发合作问题具有重要意义。外溢输入是指厂商享受本产业内其他厂商所拥有的技术知识,而外溢输出是指通过研发得到的技术的专用性。所以,外溢输入水平及外溢输出水平对处在专利竞赛中的厂商决定是否合作有着重要影响。

Martin 将外溢输入和外溢输出纳入到一个专利竞赛模型中,他假设在研发合作的情况下,两个公司独立地进行研发,外溢输入是充分的,即企业可以完全享受另外一个企业拥有的知识储备。研究表明研发合作往往会产生较高的社会福利。但是如果外溢输入水平太高或者外溢输出水平太低,研发合作就不会给企业带来较高的利润。而 Grishagin 等则认为,厂商拥有的知识累积量对研发合作的可能性有很重要的影响。他将研发合作定义为厂商在研发活动中共同分担成本、分享成果的一种生产形式。研究发现,如果厂商在专利竞赛时,拥有的知识累积量相差较小,他们便会形成一个 RJV(研究合作企业),但如果领导者和跟随者之间的差距太大,他们就不会形成 RJV。此外,如果竞争可能在产品市场中再次出现,那么合作关系会在竞赛结束时破裂,并不会出现共谋的情况。

众所周知,企业之所以会联合研发,一个重要原因在于溢出效应的存在使处在竞争地位的企业可以共享信息。AJ 和 KMZ 模型都认为,企业在签订研发合作协议时,目的不仅在于使联合利润最大化,更在于促进信息的共享。Miyagiwa 和 Ohno 对 AJ 模型进行了修正,他们设定厂商数目大于 2 且存在产品差异化,并假定溢出系数为 1,结果发现信息共享并不一定会产生更多的利润,但是却会提高社会福利。Hinloopen 也发现,在一个生产相同产品的两阶段双寡头模型中,即使合作前的技术外溢水平很低,但是只要通过合作产生的外溢水平较高,企业可以共同分享研发成果,那么从社会福利的角度考虑,研发合作就是较好的选择。

对于外溢水平由什么因素决定的问题,以往古诺竞争的双寡头模型都将外溢水平看做是外生的,在他们的模型中只包含着研发阶段和产品阶段。而近年来,很多学者将外溢水平看做是内生的。Lambertini 等在两阶段模型的基础上引入了一个新的阶段,即在研发阶段前加入厂商决定外溢水平这一阶段。这个模型得出的结论是:在研发竞争情况下,没有厂商会将自己的信息泄露,而在研发合作情况下,各个厂商都会将自己拥有的全部知识完全透露给合作伙伴,企业可以完全共享彼此拥有的知识技术。同样的,Kamien 和 Zang 为两阶段模型引入企业在进行研发前决定外溢程度水平这一阶段,但他们允许模型存在一定程度的非自愿的外溢,即外溢是外生的。他们还假设企业需要一定的吸收能力,以便利用来自其他企业的知识外溢。此研究表明如果企业选择研发合作,他们会选择共享全部知识,但如果不合作,他们至少会保留其拥有的一部分知识是私有的。只有当外生溢出完全不存在的时候,企业才会将自己所拥有的全部知识有代价地披露出去。

(二)研发合作的经验分析

现阶段国外学者主要运用计量方法,对研发合作的研究主要集中在企业研发过程中是否选择合作的重要因素,以及研发合作能够给企业、社会带来什么样的效用等问题。

很多学者对研发溢出效应对研发合作的影响进行了检验。

Cassiman 和 Veugelers 对外溢的输入和外溢的输出效应进行区分,并应用两阶段的概率估计方法,分别检测其对一个企业签订研发合作协议概率的影响。他们认为外溢的输入效应对每个企业来说是不同的。该文运用调查问卷的方法,对可利用信息的重要性进行评估,并测度出信息外溢的输入效应。在这一问卷中,对保护产品创新及流程创新手段的有效性进行了评估,并以此为基础测度外溢的输出效应。此外,该文还考虑了企业规模、产业中对创新的法律保护水平、风险分担等。结论显示,当外溢的输入效应高、外溢的输出效应低时,企业合作的概率要大一些。此外,他们还发现通过企业间共同承担研发成本,能够促进企业间彼此合作,相反,共同承担研发风险弱化了企业选择研发合作的动力。重要一点,研究中的数据大部分来自于纵向合作或与研发机构或者大学合作的企业,只有10%的企业才是横向合作,因此这些结论对横向合作企业的适用性问题尚未验证。与 Cassiman 和 Veugelers 的研究结果不同,Hernan 等发现外溢的输出效应对企业参与合作的概率有积极的影响。他们发现当技术知识在企业中或较集中的产业中扩散速度较快时,企业合作形成 RJV 的概率会大一些。Belderbos 等则认为对于不同类型的合作来说,各因素对其影响也是不同的。他们根据合作伙伴的异质性,即竞争对手、供应商、消费者、大学和研发机构,将合作分为横向合作、纵向合作以及机构合作(即与大学合作或成立研发机构)三种合作方式。以荷兰制造业的面板数据为分析对象进行分析,结果表明对于横向合作来说,公司规模、研发强度及输入外溢效应等因素,对研发成果的影响较弱,这反映了企业更关注创新产品的可供专用性。但外溢的输出效应对所有类型的研发合作都会产生积极的影响,即知识的可扩散性会促进企业研发合作。

研发合作对社会福利及研发成果究竟有怎样的影响呢?Belderbos 等在他们的另一篇文章中回答了这个问题。他们同样利用荷兰制造业的数据,分别检验了研发合作对劳动生产率和生产力创新的影响。研究发现,企业纵向合作能够显著提高劳动生产率,而企业进行横向合作时,研发合作会对生产力的创新产生积极的影响。这个结果证实,不同类型的合作理念和研发目标,对研发的绩效影响也不相同。

综上所述,近年来,国外学者对研发合作问题的研究已取得了很大进展,并得出很多有意义的结论。但是我们发现,基于研发合作的理论研究仍然占据较大比例,实证研究方法的运用依然较少,而且已有的实证分析的规范性也有待考证。

三、纵向约束

纵向约束是上下游企业间产品交易的一种契约关系。根据 Rey 和 Verge 的分类,纵向约束可分为两类,一类是交易双方就交易价格或支付所达成的条款,包括非线性定价、通道费、转售价格维持等;另一类是对交易某一方或双方的权利进行限制的条款,包括搭售、独占交易、独占区域等。

传统观点认为,纵向约束可以消除上下游企业间因双重加价问题所带来的纵向外部性和下游零售商搭便车的横向外部性。随着产业链纵向关系的日益复杂化和研究方法的多元化,尤其是随着技术进步和零售产业国际兼并浪潮的出现,市场势力从上游供应商向下游零售商转移,纵向约束的方向正在发生着变化。由此带来对纵向约束问题的一些新的研究。关注纵向约束中的转售价格维持(RPM)、独占交易(ED)和通道费三个方面的国外理论研究新进展,既反映该领域的传统理论热点,也重点论述由零售商主导的纵向约束等新现象。以期在对以往文献加以整理归纳的基础上,洞悉该领域的研究前沿,为该领域的研究指明方向。

(一)独占交易

传统观点认为,独占交易(ED)是典型的非价格限制竞争行为,因为它会排挤现有和潜在的竞争对手,从而使在位企业拥有成本和信息方面的竞争优势,所以会受到反垄断法律的禁止。但许多研究者认为独占交易并不是垄断化的有效手段,事实上并不能排挤竞争对手。

1. 理论模型及其拓展

关于独占交易的动机和其所带来的效应,Rey 和 Stiglitz 证明了生产商有动机采用 ED 合约,目的是为了减少上游竞争,当上游生产商和下游零售商都是不完全竞争时,ED 不仅减少下游竞争(品牌间),而且减少上游竞争(品牌内),批发价格与在没有 ED 时相比也就更高了。

近些年,学者普遍认为独占交易是企业的一种策略性行为,关注其竞争效应和福利影响。Rey 和 Verge 从进入障碍的角度分析发现,如果下游分销商有很大的规模经济和范围经济,上游在位生产商和下游分销商之间的独占交易契约会提高潜在竞争者的进入成本。Fumagalli 和 Motta 也是从进入的角度分析独占契约,考虑买方不是最终消费者而是企业的情况,发现当处于下游的买方之间有竞争时,上游在位制造商采用独家契约,造成接受契约的买方与自由买方之间成本的差异,从而影响其利润。激烈的下游竞争弱化了因独占交易带来的进入障碍。作者通过建立理论模型和实证分析得出结论,保持下游市场的足够竞争能够规避独占交易可能带来的进入障碍,相比高度竞争的产业,有差异化的产业更适宜采用独占交易。

2. 实证检验

独占交易理论已被广泛应用于各种产业的研究,同时对各产业的实证检验也进一步促进了该理论的发展与完善,目前为止,国外学者关于独占交易理论的实证检验的文献并不多见。Troesken 在收集 1890—1895 年美国威士忌酒产业数据的基础上,运用独占交易的理论框架,分析了产业内纵向限制对竞争的影响。Raff 和 Schmitt 将独占交易的研究延至国际市场,通过建立模型研究国外生产商在国内市场竞争的情况,解决了如何权衡独家交易和共同代理的利弊及批发价格的确定等问题,结果表明:当贸易壁垒较高时,由于独占交易契约可以阻止外国厂商的进入,国内市场会倾向于选择独家交易。

(二)转售价格维持

转售价格维持(RPM)自产生以来就引起学者的广泛关注,以往学者从效率促进和限制竞争两方面分析 RPM 的福利效应,大多研究都围绕这两大方面展开,但对 RPM 的福利分析结论依然莫衷一是。

就 RPM 的效率促进效应来说,主要观点是 RPM 能够解决外部性,纠正市场失灵。Romano 分析了 RPM 在连续垄断中消除双重道德风险的作用,认为 RPM(无论是最高还是最低)一方面降低零售价格,另一方面提高产品质量和服务水平。Winter 通过构建一个空间差异模型,并考虑消费者的异质性,认为通过两部收费和 RPM 的综合运用,可得到最优结果,生产商将最低零售价格定在最优零售价格水平,将批发价格调整到足够低的水平,以促使零售商选择最优服务水平,提高消费者福利。

对于 RPM 的反竞争效应而言,学者认为 RPM 限制下游零售商的价格竞争,有利于生产商获得或维持垄断势力,也有助于零售商或生产商形成卡特尔。Brien 和 Shafter 通过构建两阶段博弈模型分析生产商的机会主义行为,表明生产商为实现纵向一体化的利润,会采取 RPM 等纵向约束手段以消除零售商之间的竞争,避免租金转移的机会主义。最低限价可能使生产商与零售商的联合利润高于契约均衡水平。Rey 和 Verge 考虑一家上游企业向两家零售商供应一种商品的情况,并且考虑了在被动信念和机警信念下,零售商进行伯川德竞争和古诺竞争时的均衡结果,也得出最高 RPM 在一定假设条件下能够实现纵向一体化利润的结果。Jullien 和 Rey 则是从 RPM 的合谋效应分析了通过规定统一的零售价格,RPM 使得价格偏离更容易被发现,进而促进生产商共谋。生产商的利益往往与消费者和社会总福利相冲突。

与前期更偏重对 RPM 的理论研究不同,近年来大部分的研究开始关注其实证分析,主要包括 RPM 的计量经济分析和案例研究。Hersch 使用案例分析方法检验美国的 Schwegmann 案例,发现解除 RPM 对上游生产商未造成明显损失,对部分零售商则产生正面影响。Fishwick 通过分析英国法院采取摒弃"净书价协定"的政策,认为它并未达到预期中降低图书零售价格的目的,虽然零售折扣的范围更广泛,但官方数据显示图书价格有了明显上升。Brennan 从美国最高法院对 RPM 一贯采用的"本身违法"原则进行分析,认为 RPM 不具有反竞争的效应,RPM 有利于上游或下游形成卡特尔的说法缺乏理论和实证的证据。Bonnet 和 Dubois 考虑多制造商和多零售商两部定价时的非线性契约下,采用 RPM 与否所造成的福利差异,在对法国瓶装水零售市场的实证数据收集的基础上构建结构性模型并得出结论,生产商和零售商有动力签订转售价格维持的非线性定价契约,而这有损消费者的福利。

(三)通道费

通道费(Slotting Allowances)又名进场费,是伴随着技术变迁和国际大型零售商迅猛发展而出现的,是市场势力从上游生产商向下游零售商转移的重要表现。一直以来通道费都是一个很有争议的话题,属于产业组织研究的新领域,大多学者已逐渐摒弃把通道费简单地看成是下游零售商滥用买方势力的体现的观点,认为它既有提高效率的有益一面也有限制竞争的不利之处。我国 2006 年颁布实施了《零售商供应商公平交易管理办法》,有学者认为它由于缺乏相应的理论依据,并未达到对通道费进行规范化管理的预期效果。

1. 通道费的内涵与产生动机

以往有关通道费的研究大多与新产品密切相关。Sullivan 认为,通道费是供应商为了让零售商采购其新产品而预先一次性支付的一笔费用。Bloom 等认为通道费是供应商为说服下游渠道采购、展示和支持其新产品而支付的费用总和。关于通道费的产生动机,主要有两大方面:①零售商谈判能力。大多数研究者认为,零售商的谈判能力和企业规模是通道费收取的决定因素之一。Rao 和 Mahi 通过模型证明了零售商滥用渠道力量是通道费产生的主要原因,认为通道费的存在使得利润从供应商向零售商转移。Kukov 和 Pazgal 通过引入谈判能力系数构建豪泰林模型,发现在零售竞争情况下较强的谈判能力增加了通道费的收取,甚至在谈判能力一定时,零售规模也与通道费的数量正相关。②信息不对称。在零供关系中,生产商比零售商拥有更多关于商品质量、功能的信息,这种信息不对称也有可能通过通道费来弥补。通道费可以作为供应商传递商品信誉的信号机制和零售商筛选潜在需求旺盛商品的筛选机制。Lariviere 和 Padmanabhan 认为信息不对称时,通道费能帮助高需求商品的供应商传递可信信号和承担零售商采购新产品的部分成本。Sudhir 和 Rao 验证了以往有关新产品通道费的理论,得出信息不对称时通道费有助于零售商分辨潜在获利商品的信号,而且能够平衡风险,使其从下游零售商向上游供应商转移。

2. 通道费的效率促进效应

一些学者从效率的角度分析认为,通道费具有提高分销效率、促进竞争的作用。Sullivan 认为通道费的收取,保证了稀缺的货架空间被最有效地利用,付费高的生产商可以提供消费者最满意的商品,从而获得回报。Klein 和 Wright 通过对实际数据的分析,认为零售商获得的通道费包含对货架空间的支付。通道费的收取导致批发价格的大幅降低从而实现较低的零售价格。Sudhir 和 Rao 运用连续 6 个月向某一零售商提供新产品的实证数据发现通道费能够平衡风险使其从下游零售商向上游生产商转移,通道费的收取有助于零售。商将引入新产品的风险部分转移给生产商。另外,通道费作为一种信号传递机制,有助于零售商辨别潜在需求更大的商品,提高新产品的引入效率。Lariviere 和 Padmanabhan 证明了在推广新产品进入销售市场、且零售商和供应商之间存在信息不对称时,通道费的收取可以帮助零售商选择最佳商品。

3. 通道费的限制竞争效应

也有一些学者从限制竞争的方面对通道费进行研究,认为通道费机制增强了零售商的市场势力,损害了竞争。Shaffer 通过构建理论模型,认为当主导供应商和边缘竞争者竞争货架空间时,主导企业会利用通道费来排挤竞争对手。Innes 和 Hammilton 也认为零售商不完全竞争时,对某商品有垄断利润的厂商有动机利用强加于其他竞争性厂商的通道费,把其垄断利润扩展到全线商品上去。Marx 和 Shaffer 运用模型经过博弈分析得出,零售商有动机限制稀缺的货架空间,来加剧供应商对销售渠道的竞争,从而使利润从弱小供应商向强大供应商、较弱供应商向较强零售商的转移。

综上所述,首先,学者们关于纵向约束社会福利影响的研究,主要有效率促进和限制竞争两种截然不同的观点,但究竟哪种观点占主导并不能一概而论,随着假设条件的放宽和理论模型的演进,纵向约束研究方法需要进一步扩展。其次,无论独占交易,还是转售价格维持、通道费,以往对纵向约束的研究主要是理论模型的推导,缺乏实证数据的支持,随着各国反垄断实践的逐步展开,案例研究也是后续研究的一种趋势。最后,关于研究领域,从搜索文献的情况看,进入 21 世纪,学者日益关注由零售商主导的纵向约束,这和目前跨国大型超市迅速发展密不可分,这也是本文将通道费的研究进展作为重要部分的原因。而对独占交易、纵向一体化等传统热点的研究进展还局限在 20 世纪 90 年代的水平。因此,买方势力下的纵向约束将会成为未来研究的新热点。

四、研究结论与展望

以上分析表明,目前国外产业组织理论仍沿着20世纪70年代开创的范式不断推进,博弈分析依然是主流的理论研究方法,同时辅以计量经济学的经验研究,重点强调理论分析的政策含义,产业组织理论的最新的研究成果不仅加深了人们对各种商业实践的认识,也为科学制定公共政策提供了理论支撑。

近年来实验经济学方法在产业组织理论文献中被大量应用,产业组织理论研究方法可能具有以下发展趋势:实验经济学可能成为未来产业组织理论主流的研究方法之一。与已有的方法相比,实验经济学具有很大优势。首先,对比纯理论演绎的博弈分析,实验经济学方法不把"理性人"作为预设前提,Schmalensee曾提到,尽管在理论上任何棋局都有最优解,但是下棋者却不具备如此缜密的能力,因此,传统博弈分析中行为人的理性行为可能被夸大了,而实验经济学将行为人定义为现实中的可犯错误、有学习能力的行为者,以此作为理论和实践探讨的出发点,使得经济理论分析更贴近现实。其次,实验经济学与传统的计量经济分析相比也具有一定优势,实验经济学能够再造理论的环境和机制基础,能够直接检验纯理论分析的现实性,而计量经济分析尽管也可以检验理论的现实性,但其数据的不可控性使得计量分析的可重复性和稳健性大打折扣。

中国从20世纪90年代开始引进国外产业组织理论,其SCP分析范式曾在国内流行一时,中外之间研究差距一度缩小,但近些年来国内对产业组织理论的研究没有跟上时代步伐,上述现代方法并未在国内得到广泛应用,很多研究还停留在传统的产业组织理论时代,中外研究水平有继续拉大的趋势。因此,如何尽快消化吸收国外最新的研究成果,并做出自己的贡献,这是中国产业组织理论界需要认真思考的问题。

第三章 产业组织理论研究

现代西方经济学通过对现实经济问题的分析研究,得出了一系列的相关理论,在此基础上,产业组织理论形成得以发展。到 20 世纪 60 年代产业组织理论已经发展成为应用经济学的一个独立的分支,理论体系不断成熟完善。产业组织理论的主要研究对象定位于那些以生产相同产品或具有替代关系产品的企业的集合,其目的是通过研究产业内企业之间的关系以及产业组织的状况,来探索提高市场经济效率的有效途径。

第一节 产业组织的内涵与理论渊源

一、产业组织的内涵

英国著名经济学家马歇尔针对经济学中的"组织"一词最早给出了概念性的定义。他在 1890 年出版的《经济学原理》一书中,"把组织列为一种新的生产要素,其内容包括企业内部组织、同一产业中各种企业间的组织、不同产业间的组织形态以及政府组织等。"[1]

在本书中把同一产业内部不同企业之间的组织或者市场关系界定为产业组织的具体概念。在现代市场经济中,同一产业中

---

[1] [英]马歇尔著;康运杰译. 经济学原理[M]. 北京:华夏出版社,2005,第 152 页

不同企业之间通过各种联系必定或多或少地存在着各种利益关系。在本书中产业组织以垄断和竞争以及规模经济的关系和矛盾为基本线索,以生产相同产品或具有替代关系产品的企业的集合为主要研究对象,来对现代市场上的企业之间的关系进行具体的描述和阐释。也就是说一般经济理论中的组织概念与现代产业组织理论中所涉及的组织概念是有着明显的区别的,现代产业组织理论所考察的是所谓"作为组成部分之间关系"的组织,属于上述组织概念中的第三种。因此,在本书的研究中,我们必须要严格区分产业组织概念与其他组织概念,尤其是要把它与生产组织、企业组织等相近的概念严格区分开来。

二、产业组织的理论渊源

从亚当·斯密开始产业组织理论就开始萌芽,随后,马歇尔重点研究产业组织理论,理论和经验分析的分歧发展成为其研究的重点。以推理研究为主的推理流派进一步完善了微观经济学中的市场理论和厂商理论,在给出假定条件的基础上,对市场结构和企业行为进行模型推导。之后,哈佛学派诞生,他们的研究重点是对产业与企业的发展历史与实际行为通过不断实际的经验分析,归纳出理论结论,这一学派的特点是偏重于实证的检验。自20世纪70年代之后,新产业组织理论产生和发展,其重要标志就是博弈论方法的产生。这一理论发展的基本轨迹可以用图3-1来表示。

(一)早期的产业组织思想

最早的产业组织是在亚当·斯密《国富论》中被提出的。在亚当·斯密的这一著作中劳动分工以及专一化协作等原理也被进行了阐述,并且就合理的生产组织能带来社会资源的节约这一理论进行了全面论述。

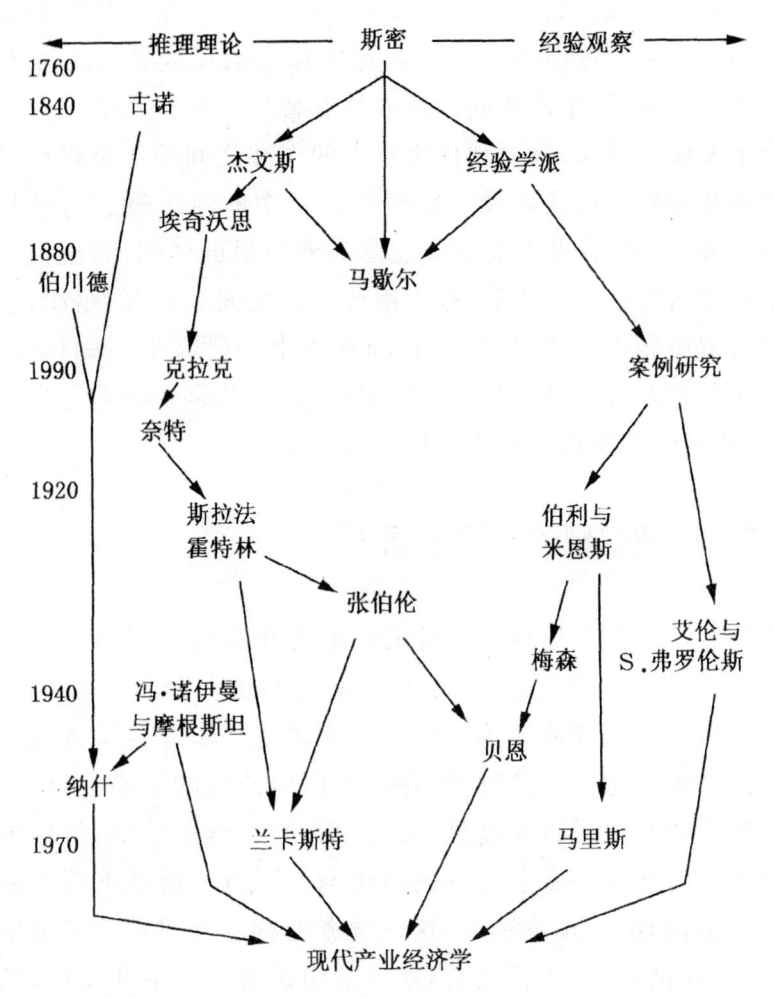

```
        ←——— 推理理论 ——— 斯密 ——— 经验观察 ———→
1760
1840    古诺
                      杰文斯          经验学派
                埃奇沃思
1880                           马歇尔
        伯川德
1990              克拉克                    案例研究
                奈特
1920          斯拉法                 伯利与
              霍特林                 米恩斯
                      张伯伦                    艾伦与
                                  梅森        S.弗罗伦斯
1940    冯·诺伊曼
        与摩根斯坦
                              贝恩
        纳什
1970              兰卡斯特          马里斯

                      现代产业经济学
```

图 3-1 产业经济学的发展

在很长的一段时间中，西方古典经济学认为斯密提出的竞争机制能使有限的资源得到合理的配置，能够以最优的组织形成解决资本主义经济中的各种问题。自发决定的价格体系导致市场的自由竞争体系的形成。通过发挥价格杠杆的作用，资源自动得到分配和转移。许多经济学家认为，在市场经济条件，要想实现资源的最优配置和经济福利的最大化，只有在市场的自由竞争状态下，并且最大程度地限制政府干预经济活动的力度。

(二)产业组织理论的萌芽

亚当·斯密关于竞争机制的论述只是产业组织理论的思想渊源。但是真正意义上的经济学中的产业组织的概念是由新古典学派经济学家马歇尔提出的。在马歇尔的名著《经济学原理》一书中,他首次提出了第四生产要素,即"组织"这一概念。在马歇尔关于"组织"这一概念的阐释中,组织的内容涉及多个方面,包括产业间的组织形态、产业内企业间的组织形态、企业内的组织形态以及国家组织等。在以后的关于产业组织的理论研究中,主要针对的是产业内企业间的关系形态。后来的产业组织学家梅森及其弟子贝恩才把产业内企业间的关系结构从马歇尔这一包罗万象的"组织"概念中分离出来。不过,这并不影响马歇尔成为产业组织理论的奠基人。

马歇尔提出"组织"这一第四生产要素,是有一定历史背景的。19世纪60年代,西欧垄断资本主义开始兴起,自由竞争资本主义由于发展到顶点逐渐走向没落。马歇尔在研究企业的经营管理、产业的大规模生产以及分工与机器等问题时,"规模经济"现象势必会出现在他的研究视域中。相应地"规模经济"与"组织"形态直接相关。所以马歇尔提出将"组织"作为生产第四要素,与此同时,"工业组织"也被提出来了,具体解释了分工和机械对工业组织的作用,以及领导工业组织管理的工业家所具备的能力等问题。

马歇尔用"代表性企业"表示一个普通的企业,根据为代表性企业设定的特点,从代表性企业出发,提出了单个企业的均衡,其条件是边际收益等于边际成本。进一步,马歇尔从单个企业均衡推出产业均衡,在这种特殊均衡下,产业内厂商数量不再发生变化,从而产业本身就可以由若干个代表性企业的加总体现。马歇尔认为,有效的组织具有规模经济性,即内部经济和外部经济。外部经济是生产规模扩大,企业间有效分工;内部经济则是个别企业的资源、组织和经营效率的经济。由于企业规模的扩大会增加它的内部经济和外部经济,从而使企业可以以花费比例上较以前更少的劳动和代价来制造产品,因此大规模的生产可以为企业带来收益递增。

这样,通过企业大规模生产产品实现了企业规模经济,这一方面降低了企业产品的成产成本,提高企业的市场占有率。但是另一方面由于企业规模经济的形成,必然会导致企业垄断市场的现象的出现,从而阻碍有效竞争机制的有效发挥,影响市场上资源的合理配置,扼杀市场自由竞争,丧失市场经济的活力。由此可以看出,现代产业组织理论所关注的核心问题,也就是"马歇尔冲突"所提出的规模经济和竞争活力之间的冲突

(三)产业组织理论的奠基

20世纪以后,随着资本主义的发展,企业不断扩大规模,使得生产日趋集中。在这种情况下,发达资本主义国家中垄断、寡头垄断普遍占据市场支配地位。1926年,斯拉法通过发表《竞争条件下的收益规律》一文,非常犀利地抨击了马歇尔的纯粹竞争价格理论,至此不完全竞争经济学体系初步建立。在《竞争条件下的收益规律》一文,斯拉法认为,"由于现代大企业多数是在收益递增条件下经营的,作为传统经济学信条之一的产品价格等于产品的边际成本的原理已不能表述现代大企业的均衡条件。"斯拉法的观点构成了对传统经济学的一次冲击。

随着经济现实中各种由完全竞争和完全垄断所无法解释的现象的日益普遍,以及经济理论的进一步发展,便不可避免地导致了所谓的"垄断竞争革命"。1933年,几乎同时发表的两本著作是这一"革命"的标志。该年,剑桥大学教授罗宾逊夫人发表了《不完全竞争经济学》一书,哈佛大学教授张伯伦则发表了《垄断竞争理论》一书。在这两本书中他们提出了一个共同的理论,认为各种各样的垄断和竞争必然存在于人们的现实世界中,反对那些认为垄断和竞争是一种相互对立、否定的观点。

罗宾逊和张伯伦对现实市场的分析都是基于产品不同的价

格表现做出的。他们认为,即使市场上的企业数量多且规模小,个别企业的产品价格之间也是不相同的,不会出现完全竞争理论根据假设的市场结构所推论的现象——每个企业都按相同的价格销售他们任何数量的产品。因为完全竞争市场要求产品是同质的,消费者没有必要对产品进行选择,因此,市场上存在很多提供相互间完全可替代产品的企业。但是在现实中,大多数市场上,企业的产品之间存在着不同程度的差异,凭借差异程度和被偏好的程度,企业就具有了制定不同价格的依据。

张伯伦认为,一般来说产品都是有差别的,这种差别可能是具体的,也可能是想象的,只要它对购买者有其必要性,使购买者喜好这种商品而不喜好另一种商品的话,都可以构成差别的标准。张伯伦给出的概念比较明确,具体来说是指针对消费者而言产品是有区别的,这种决定性就取决于消费者是否认为某个商品比其他商品更重要,如果认为这个商品与其他商品相较而言更重要,则就是有差别的。也就是说产品之间的差别或者取决于消费者的主观判断或者是由于产品本身就有的差别。

张伯伦认为,在大多数市场上,供给者的数量众多,为了争夺更大的市场,提供同类产品的企业之间存在着互相竞争的关系。但是,在差别化的条件下,个别企业可以凭借产品的差别,形成在细分市场上的垄断,垄断的程度取决于产品差别的程度。因此,企业的市场行为既有竞争的一面,又有垄断的一面,大部分市场是垄断竞争同时存在的市场。张伯伦在分析垄断竞争的价格行为和产品行为时,提出了"进入"的概念,他认为,"生产集团"内的利润率如果高于竞争状态的平均利润率,将会吸引经济资源进入"集团"使超额利润下降;如果平均利润率低于竞争状态的平均利润率,经济资源会退出产业,使利润率恢复到竞争的平均利润率水平。所以"集团"内的企业只能获得平均利润。

在《不完全竞争经济学》中,罗宾逊从需求的角度分析了不完全竞争的客观现实基础。她认为,传统的完全竞争首先靠的是存在着数量如此之多的生产者,以至于其中任何一个改变其产量都不会对商品的总产量产生可以察觉的影响,其次还依靠完全市场的存在。如果单个生产者的需求曲线有完全的弹性,只要稍稍降低价格,就能吸引到数量无穷的顾客,而只要稍稍提价,他又会丧失掉全部买者。但是,现实世界并不符合这种假设,商品可以根据消费者的偏好程度决定它们之间的可替代程度。具有密切替代关系的商品在一条替代链条上构成一个市场,而替代关系相对疏远的产品不在一个替代链条上,分别处于不同的市场。如果同类产品之间有质量差异或存在其他影响消费者偏好的因素,那么,产品之间就不具有完全的替代性,每个企业都面对一条向右下方倾斜的需求曲线,都可以在一定范围内支配自己生产产品的价格。产品存在差别的现实性使完全竞争的条件难以实现,所以,企业之间的竞争是不完全的。

罗宾逊和张伯伦的不完全竞争理论,向分析现实的市场竞争大大迈进了一步。他们提出的不完全竞争市场或垄断竞争市场,在市场经济中现实存在着。因此,与完全竞争理论相比,罗宾逊和张伯伦的观点为实证经济学的发展提供了基础。20世纪50年代形成的产业组织理论体系,大量应用了不完全竞争的理论,可以说,不完全竞争理论为现代产业组织理论的发展做出了巨大贡献。

(四)产业组织理论的形成

产业组织理论的形成过程,得益于实证性研究。张伯伦的垄断竞争理论开创了经济理论研究从规范到实证的转变。此后一些学者相继提出了实证研究的方式、方法和判别标准。1933年伯尔和明斯发表《近代股份公司和私有财产》一书,对股份制的发展更容易使资金集中到大企业手中,造成经济集中度过高,扼杀竞争、价格刚性等问题进行了实证分析,为后来贝恩等人研究一般集中、X非效率以及大企业定价行为作了铺垫。

1938年哈佛大学的梅森与贝恩、凯尔森、麦克尔、麦克海姆、艾得曼等人组成研究小组,在哈佛大学进行了研究,他们主要采用了个案研究的方法,针对主要行业的市场结构进行了详细分析。之后第一批关于产业集中度的研究资料出版发行,为以后的计量分析奠定了基础。

"有效竞争"一词最早出现于1940年克拉克发表的《以有效竞争为目标》一文中。他指出:"在不完全竞争中,最重要的问题是直接性的短期性压力和长期均衡的条件不相协调成为事实。"因此,探索有效竞争条件的出发点在于以现实中产生的条件为基础,寻求缩小企业上述背离程度的方法和手段。克拉克通过对生产者的市场行为、垄断与竞争关系进行研究后认为:"判断一个产业或市场是否存在竞争不能囿于几个理论条件,还要根据具体情况进行分析,即根据特定产业的市场结构、企业行为和绩效来判定竞争的有效性。"[1]正是在克拉克的"有效竞争"概念的提出和对其度量标准的研究的基础上,贝恩产业组织理论体系得以形成和发展。

在前人研究的基础上,1959年贝恩出版《产业组织》一书,标志着正统产业组织理论的形成。由于贝恩曾是哈佛大学梅森研究小组的成员,又是梅森的弟子,人们将其《产业组织》中的观点、思想体系以及利用其观点和思想体系回答产业组织问题的类似观点统称为哈佛学派。

贝恩在总结了以往尤其是哈佛学派研究成果的基础上,在《产业组织》一书中第一次完整系统地论述了产业组织的理论体系。贝恩确定了产业组织研究的目的和方法,建立了产业组织研究的三个基本范畴,即市场结构、市场行为和市场绩效,简称SCP分析框架。但在贝恩的早期研究中并没有发现企业扩大规模的真正动力,即为什么在一个资源配置由市场价格机制决定的商品经济中,厂商会不断扩张,这个问题的答案由后来的科斯和威廉姆森给出。20世纪30—50年代末,在前人研究的基础上,梅森及其弟子贝恩、科斯、威廉姆森等人对垄断和竞争的关系以及市场

---

[1] 李丽. 论中国商业银行业有效竞争市场结构的构建[D]. 长春:吉林大学,2009

问题进行继续深入的研究探讨,并把行业作为研究重心,重视市场结构的调整研究。至此,正统产业组织理论以梅森、贝恩等为主要代表真正意义上形成了。

第二节 产业组织的市场进入与退出

一、进入与退出

进入与退出对市场力量具有决定性的影响。如果进入某一行业相对容易,意味着市场中的主导企业不可能制定高于边际成本很高的价格。同时,进入与退出引导行业之间资源的流动。

进入是指一个厂商进入新的业务领域,并且就这一特定市场上原有产品或服务开始积极投入生产制作中。进入方式的选择是企业最关键的战略决策之一,如果选择不当,就会造成损失,而且从一种进入方式转换到另一种进入方式需要付出转换成本,并且由于各种条件的限制,其转换的成本是相当高的。这就要求企业在市场进入方式的选择方面必须经过谨慎的考虑,作出准确的判断。

(一)模仿进入和创新进入

从技术角度看,进入可分为模仿进入与创新进入。模仿进入是指一些企业在发展初期为了迅速占领市场、降低成本、提高利润、扩大知名度,全部或部分复制在位厂商活动的进入方式。采用这种进入方式,旨在学习在位厂商的经营发展策略、市场营销方案、广告设计,减少其失败经营的可能性,同时,利用在位厂商已建立起来的消费偏好或消费路径依赖。采用模仿进入的厂商一般以低价或其他附加的服务手段作为进入的竞争方式。当进入发生时,会对价格产生直接的或间接的影响。引发价格战,或迫使在位厂商提高效率。

熊彼特认为,创新是指把一种新的生产要素和生产条件的"新结合"引入生产体系。创新是指企业生产函数发生了根本变化。创新进入是指进入者向消费者提供新的、与现有产品差异较大的产品为主要特征的进入方式。因此,创新进入的核心在于创造产品差异性。在创造产品差异性的基础上,进入者获得了产品的定价权,并开辟了新的市场,拓展了竞争领域,引导并影响消费者的消费选择。

(二)全新进入、收购和内部发展

从企业创立角度看,进入可分为全新创立进入、收购和内部发展三种。全新创立进入是指企业通过自建新工厂或营业网点,自己开展业务。收购进入是指通过收购或合并进入市场。内部发展是指企业进行多样化经营,开拓新的生产能力、分销渠道、销售网络等。在上述三种进入方式中,一般说来全新进入完全靠自身从零开始的发展,在激烈的市场竞争环境中成功率相对较低。通过收购进入,则往往涉及企业文化、经营理念的整合等一系列问题,购并失败的案例也比比皆是,但如果购并成功则可以大大节约进入新市场或新产业的成本。内部发展进入也涉及新业务单元的建立,如果能够与原有业务共享范围经济,则成功的可能性会大大提高。

因此,企业在考虑进入市场的时候必须根据自身的业务目的、面临的市场条件、可能的进入方式、难度和复杂性等因素来综合决策进入的时机和方式。

(三)退出

退出指的是一个厂商离开原来的业务领域,即放弃生产或提供某一特定市场上的产品或服务。市场中存在进入,就必然存在退出。一般来说,构成进入壁垒的许多因素也往往成为退出壁垒。

二、进入壁垒

(一)进入壁垒的含义

进入壁垒又称进入障碍或进入门槛,具体来说是指在某一产业内对于新厂商来说原有厂商所具有的行业优势,或者是指对于准备进入该产业内的新厂商来说所要面临的各种限制和不利因素。

在某一产业市场内,新厂商的进入必然会导致这一产业内市场和资源发生变动,导致新厂商与原有厂商展开竞争。新厂商在进入该产业过程中所遇到困难的大小反映了进入障碍的大小。如果某一新厂商在进入某一产业时所遇到的障碍较大,困难程度高,就说明在这一产业内具有很强的市场垄断性,该产业的市场竞争力相对较弱。这样看来,影响市场垄断和竞争关系的一个重要因素就体现在进入壁垒方面,这也是市场结构的一个基本因素。

(二)进入壁垒的分类

产业组织理论中一般把进入壁垒分为结构性进入壁垒与策略性进入壁垒。

1. 结构性进入壁垒

结构性进入壁垒(或经济性进入壁垒)是指由在位厂商的绝对成本优势、产品差异化、资本成本和绝对成本优势等因素形成的市场进入壁垒。

(1)规模经济壁垒

如果随着产量的增加,生产单位单一或复合产品的长期平均成本下降,则存在规模经济。新企业进入市场,在没取得一定的市场份额以前,不存在生产和销售的规模效益,因此生产和销售成本一定高于在位者,缺乏竞争力。

在图 3-2 中,Q_1 是最小有效规模,即平均成本最低时的最小产量水平。在 Q_1 和 Q_2 之间,增加产量不会增加平均成本。当产量高于 Q_2 增加产量会导致平均成本的增加。

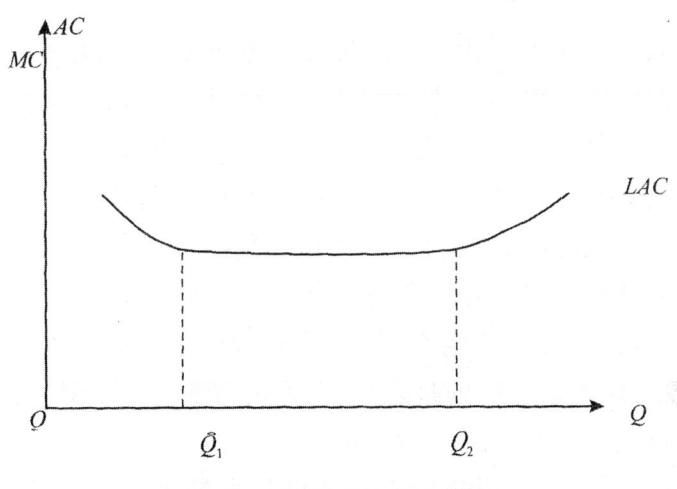

图 3-2 长期平均成本曲线

(2)资本成本

新企业进入某一产业时必须具备一定的条件,这就是必须具备充足的资本。再具体来说是指新企业进入市场所必须投入的资本,或者称为必要资本需要量。因为产业之间存在基本差异,一些新进入厂商由于各种原因,无法筹集到进入该产业所需的大量资本,而导致不能进入该产业,那么我们就可以说这种进入该产业的必要资本需要量就是新厂商入驻该产业的进入壁垒。

资本成本与规模经济紧密联系。一般来说,MES 越大,潜在进入者在 MES 水平进入时对资本的需要量越大。资本成本与进入联系越紧密,一个进入者可以自筹进入资本的可能性越低。因此,一个高资本成本行业的潜在进入者必须向资本市场筹集资金。

贝恩通过大量的调查研究分析出 20 个制造业中资本需要量壁垒的估计,研究得到在卷烟、汽车、钢铁、石油精炼和拖拉机生产这几个产业中资本需要量壁垒最大。斯蒂格勒认为,"只有当进入者比现有企业面临一个系统性的更高的资本成本时,在最小最优规模处运营所要求的高额绝对资本需求量才是一种进入壁垒。"①

(3)绝对费用壁垒

在某一产业中原有厂商占据着绝对的优势,尤其是对一些稀缺的资源和生产要素的占有使得他们和新进入的厂商相比具有绝对优势,不论是在原料占有方面、专利技术开发方面、销售渠道以及用人方面等。这些原有厂商所具有的绝对优势使得新厂商在进入该产业时明显处于劣势地位。新厂商为了能够获得该产业的发展就必须与原有厂商去争夺这些资源,相应地一定的投入费用是必须的,称之为绝对费用,绝对费用势必会加大新厂商的投入成本,阻碍新厂商的进入,我们称之为绝对费用壁垒。

(4)产品差别化壁垒

在某一产业中,由于原有厂商已经发展到了一定的程度,其产品已经在买家那里取得了一定的知名度。对于新厂商来说市场对其产品的接纳会存在一定的困难,这就是所谓的产品差别化壁垒。在这个过程中,新厂商为了取得买家的信任,使产品销售出去,就必须采取一定的措施,比如从人员方面入手加强销售人员的培训,从宣传方面入手加大资金投入加强广告宣传等。这些措施必定会给新厂商带来资金方面的压力,导致进入壁垒。

2. 策略性进入壁垒

所谓策略性进入壁垒主要是指该产业中的在位者通过采取或者建立各种针对新进入者的策略来达到阻止新厂商进入该产业的行为。这主要是因为在位者可以利用自身的优势,获得更准确更全面的信息,并建立对其有利的策略,从而使竞争对手面对即将进入该产业的不利决策放弃进入。

---

① 李世英. 市场壁垒问题研究综述[J]. 开发研究,2005(4)

在位者的策略性行为要有效阻止潜在进入者的进入,需要满足两个条件:第一,在位者的策略性行为能够对市场成本结构和需求结构产生持久的影响效果,从而较大地影响潜在进入者进入该行业后的收益预期。第二,必须让竞争对手从心理上认为在位者即将实施的针对阻止进入者的策略性行为是绝对实施的,针对这一现象,在位者可以通过进行过剩生产能力投资等行为采取可置信威胁的策略。

（三）进入壁垒的量度

测量进入壁垒有两种基本方法。

1. 利润率水平指标

利润率水平指标即产业进入壁垒程度以进入阻止价格的水平确定为依据。根据该标准美国学者贝恩对产业的进入壁垒类型作了划分：

当一产业内,销售价格比平均费用高10%时,可以认定这一产业是高度进入壁垒产业,也就是说对于新厂商来说难以进入该产业。

当一产业内,销售价格比平均费用高6%～8%时,可以认定这一产业是较高进入壁垒产业,也就是说对于新厂商来说仍难以进入该产业。

当一产业内,销售价格比平均费用高4%左右时,可以认定这一产业是中等进入壁垒产业,但对于新厂商来说进入该产业仍是有很大的难度。

当一产业内,售价格高于平均费用2%以内时,这时可以认定这一产业是低度进入壁垒产业,也就是说对于新厂商来说进入该产业是比较容易的。

2. 规模性指标

规模性指标即产业进入壁垒水平以规模经济壁垒的高低为依据来计算。计算公式为：

$$d=\frac{最优规模}{市场容量}\times100\%$$

日本经济学家植草益对产业进入壁垒程度的测量就是以该办法为依据,提出了如下标准:

高度规模经济壁垒:d 为 10%~25% 时。

较高规模经济壁垒:d 为 5%~9% 时。

中等或较低程度的规模经济壁垒:d 为 5% 以下时。

d 是厂商最优规模占市场总容量的比重,市场总容量既定时,d 越大,说明厂商最优规模越大,因而从规模经济角度考察的进入壁垒也就越大。

三、退出壁垒

退出壁垒是企业在退出市场时遇到的阻碍。有进入必然存在退出,退出对市场结构的影响也至关重要。如果企业不能赚取为正的利润,理应顺利退出该行业,转而进入其他行业进行生产。如果一个行业的企业欲退出市场却又难以退出,就意味着该市场存在退出壁垒。

退出壁垒一般包括以下几种。

第一,一些长期合约的锁定效应,如劳动雇用合同、原材料购销合同等。

第二,专用性投资引发的沉没成本。企业退出市场时,如果资产专用性很强,那么在退出市场时企业的巨额资产很难转售或变现。如果这些资产根本无法变现,那么沉没成本就会相当大,退出壁垒就很高。

第三,政策法律的限制。出于各方面原因的考虑,政府往往会限制某些行业的企业从市场上的退出,尤其会针对一些公用事业单位制定相关的政策和法规限制,如电力和煤气的相关部门等。

退出壁垒的存在对于企业进入决策具有很大影响。如果行业退出成本很高,那么其进入该行业的积极性就会减弱。相反,如果进入退出没有成本,新进入企业就会采取"打了就跑"的策略,即面对存在较高利润的产业,潜在进入者迅速进入市场攫取在位者的利润,于在位者做出反应之前撤出。

第三节　网络经济下的产业组织分析

网络经济的发展对产业组织的演进产生了深刻的影响,它不仅提升了企业组织和产业的竞争力,而且重新整合了生产要素,改变了社会生产分工方式。因此,研究网络经济条件下的市场结构特征、企业行为策略选择具有重要意义。

一、网络经济的含义与特征

(一)网络经济的含义

我们可以从广义和狭义两个角度来解释网络经济的含义。广义上的网络经济可以从三个方面来理解:首先,网络经济反映的是经济领域的活动;其次,这种经济活动必须以信息网络为平台或依托;最后,网络经济必须是应用信息技术与信息资源的活动。狭义的网络经济可以认为是所有以计算机网络为基础的经济活动,比如现代社会中活跃广泛的电子商务、网络投资、网络消费等经济活动。

(二)网络经济的主要特征

与传统经济相比,网络经济主要有以下特征。

(1)无时限经济,即不受时间因素的制约,可以全天候连续运作的经济。网络经济从根本上摆脱了全球时区划分的限制。

(2)全球化经济,即不受空间因素制约,资源能够全球运行的经济。各国经济的相互依存性空前加强,资源在全球实现配置的利用。

（3）虚拟化经济。经济活动以计算机网络为沟通桥梁,构筑了虚拟的网络空间,实现了网络经济活动的线上线下结合,相互促进,共同发展。

（4）速度型经济。借助于信息的快速传输,经济活动的节奏大大加快,产品与技术更新周期缩短,创新速度加快,速度成为决定企业竞争胜负的关键性因素。

（5）创新型经济。创新是网络经济的灵魂,网络经济条件下的技术创新主要是指包括网络技术在内的信息技术的创新,它是一种横向（相关的或互补的技术）蜂聚式创新和纵向（上游技术和下游技术）层叠式创新相结合的综合集成式创新形式。除了技术创新之外,还包括制度创新、组织创新和观念创新等。

（6）竞合型经济。信息网络特别是计算机网络的应用,一方面促使企业转变传统的企业竞争方式,另一方面企业间竞争与合作的范围被大大地拓展开来,加快了企业之间竞争与合作相互转化的速度。现代企业间新型的主导型关系形成,即竞争合作。

二、网络经济的主要效应

网络经济的内涵在于社会经济运行的网络化。网络不再仅仅是一种信息交流的渠道和模式,而已成为一个吸纳和承载人们生产、生活和工作的新的平台,它是一种从根本上有别于传统经济的新的经济运行方式,由此导致网络经济出现许多新的不同于以往经济社会的运行规律。

（一）经济外部性

网络经济的主要经济效应之一就表现在网络外部性上,主要是由市场的需求方面造成的。在产业发展过程中,随着市场的发展,网络用户数量不断增加,新产品不断发展,相应地新产品中所蕴含的新增价值也必然会惠及原有用户,并且这部分价值是免费的,这就产生了网络经济外部性。这也是网络规模扩大过程中必然产生的一种规模经济。

Katz 和 Shapiro 把网络外部性归类成直接网络外部性和间接网络外部性。直接的网络外部性是指在市场上由于消费相同产品的市场主体的数量不断扩增,其所产生在外部的直接物理效果。换言之,网络外部性就是指在某一产业中,用户消费某一产品的数量不断增加直接增大网络价值。在现实生活中直接体现网络外部性的典型很多,例如电话、传真机、在线服务等。间接的网络外部性是由于某一产品在市场上消费良好,从而促进了该产品的进一步开发,产生了很多相关的衍生品,从而产生相应的价值。如计算机软件的应用。

(二)边际收益递增

边际收益递减是工业经济条件下物质产品生产过程的普遍现象,但在网络经济条件下,这一规律不再完全适用,经常表现为边际收益递增,主要原因有以下几个方面。

1. 网络经济下的边际成本随着网络规模的扩大呈递减趋势

信息或网络产品的成本主要由三个部分构成,即网络建设成本、信息传递成本与信息收集、处理和制作成本。其中,网络建设成本和信息传递成本在网络长期使用过程中基本为零,而信息收集、处理和制作成本在随网络使用人数增加而增大,由此网络运行的边际成本呈现明显下降的趋势。

2. 信息或网络产品较高的固定成本和极低的边际成本

信息或网络产品分为硬件类和软件类。其中硬件类产品与传统产品较为相似,所以只分析软件类产品即可。软件类产品的生产完全不同于传统产品的生产。软件类产品作为一种知识性产品,在生产过程中其初始投入是相当高的,当研制成功第一个单位的软件类产品时,后续的生产过程只是简单复制第一个单位产品。

3. 网络经济中存在较强的学习效应

学习效应也称为"干中学"(Learning by Doing)或"用中学"(Learning by Using)。学习效应所实现的收益递增主要来自两个方面:一是来自工作中经验的积累;二是来自信息知识的累积增值和传递效应。在信息经济条件下,信息知识不仅作为投入要素被更有效地使用,而且在使用过程中,还可产生作为附加产品的新的信息和知识,它们可以被再次作为投入来开发新的产品或改进现有产品,从而产生新的收益。

(三)正反馈与需求方规模经济

正反馈的含义是使强者更强、弱者更弱,从而引起极端的结果,在市场上表现为一家公司或一种技术支配或主宰市场。与之相反的现象是负反馈,即强者变弱、弱者变强。在传统经济中,负反馈起支配作用。当然,工业经济时代也存在正反馈效应。事实上,正反馈阶段可以说是每个企业发展早期的必经阶段。通用汽车公司由于规模经济效应的运用,相对于其他小的汽车公司来说效率会更好,而相应地进一步促进了通用汽车公司的发展。在网络经济时代,正反馈处于支配地位。在正反馈很强的市场内,竞争的结果通常是市场只有极少数的企业存在。与工业经济时代的正反馈相比,网络经济中的正反馈是一种需求方正反馈,它与供应方规模经济不同的是在市场足够大的时候需求不分散,具有"蜂窝效应",微软的 Windows 以及在其支持下的 Office 软件就是最好的例子。

(四)范围经济性

网络经济条件下的单个企业借助于信息网络技术,靠自身的力量拓展产品的生产经营范围,进行多元化经营,从而能够有效地实现范围经济。同时,消费者需求日趋多元化和小型化,企业通过多元化经营,可以更迅速地实现与市场的对接,及时满足市场需求,增强企业的市场地位,这也促进了企业范围经济性的实现。信息化程度越高,网络连接能力越强,信息知识产品在生产过程中投入比重越大,从而由此产生的范围经济性也就越明显。

三、网络兼容与企业竞争

兼容的定义多种多样,这里讨论的网络兼容是指原本分割的两个网络通过某种途径实现了联系,使原本分割的网络用户能够分享对方网络成长带来的网络效应。

产品兼容的实现方式有两种,标准化和通过适配器进行兼容。标准化方式中技术参与方在共同遵守的技术框架内,按照协议实现产品之间的兼容。适配器是使网络组建连接起来工作的"产品"或软件程序。一些开始不兼容的网络可以通过适配器获得兼容。

从直观上看,如果各种同类技术或产品之间是兼容的,它们将拥有相同的网络价值,此时,谁的成本低,谁的竞争优势将更大。但如果各产品之间不兼容,网络外部性很强,那么如果一种产品成为标准,它将垄断整个市场,或称赢者通吃(Winner Takes All)。可见,兼容性决策在网络市场上对厂商之间的竞争是极其重要的。下面通过一个模型分析兼容性在企业决策中的重要性[①]。

考察一个简单的两阶段博弈,在第一阶段,企业决定是否使其技术具有兼容性。如果达不成协议,则将展开"标准之战",随之其中一种技术被采纳为标准。在第二阶段,展开产品市场的竞争。若先前达成了兼容性协议,则每个企业赚取双寡头垄断利润 π^D;若先前没有达成协议,那么在标准之战中取胜的企业将赚取垄断利润 π^M,失败者的利润为零。

---

① 刘易思·卡布罗.产业组织导论[M].北京:人民邮电出版社,2002,第309页

考虑第一种可能情况:兼容性之战是为了吸引消费者,为此企业需要花费资源,这时准备了较大花费的企业将赢得竞争。在标准之战中取胜的企业的收益是 π^M,即标准制定者在第二阶段的利润。标准之战本质上如同拍卖,出价最高的参与者赢得拍卖,竞争结果类似于伯川德竞争,企业将其出价提高到 π^M。最后,赢得拍卖不会获得正的净收益,收益 π^M 刚好弥补为得到它而付出的代价,输赢双方都以净收益为零告终。不论双头垄断利润 π^D 有多低,达成兼容性协议对企业来说都意味着更有利的结果。

再考虑第二种可能的情况:选择流行的标准是由一系列企业无法直接控制的条件决定的,如消费者恰好偏好某种技术并购买该技术,随之产生一种示范或滚雪球效应,或政府的某些管制政策等给予某一种标准初始优势,并在自我加强的动态过程中得以巩固。在本模型中,假定不兼容意味着每一种技术被采纳为产业标准的概率为50%。

如果企业选择兼容,情况与前面一样,双方以获得双头垄断利润 π^D 而告终。如果双方不同意其技术互相兼容,其中一种技术被选为标准的概率为50%,并获取垄断利润 π^M,另一种技术的收益为零。平均而言,每一个企业所得到的利润为 $50\%\pi^M$。由此可得到以下结论:当且仅当 $50\%\pi^M > \pi^D$ 或 $\pi^M > \pi^D$ 时,采取不兼容才是较优的,这是一个普遍成立的条件。成为一般时间的完全垄断者要比一直做双寡头垄断者中的一员更有利。这一结论在产品市场竞争激烈的条件下表现得更为明显,因为这时 π^D 比 π^M 低得多。

概括以上分析,可得以下结论:如果标准竞争很激烈,那么企业偏好兼容;如果产品市场竞争很激烈,那么企业偏好不兼容。

以上有关标准竞争的模型分析建立在一种较特定的环境之中。特别地,标准竞争的一个可能效果是减少产品市场规模。有时两种不兼容的标准互相竞争,较优等的标准退出市场,而较次等的标准却留给消费者,原因是消费者对选择哪一种标准变得疑惑,他们宁愿哪一种都不选。当新技术试图取代现有技术时,消费者"简单"地选择继续使用较落后但确定的技术,意味着过度惰性占了优势,也说明现有技术的合理存在导致标准之战的潜在成本是高昂的。

第四节 产业组织政策

一、产业组织政策概述

(一)产业组织政策的含义

所谓产业组织政策,是指"为了获得理想的市场绩效,由政府制定的干预和调整产业的市场结构和市场行为,调节企业间关系的公共政策。其实质是政府通过协调竞争与规模经济的关系,来建立正常的市场秩序。"[1]

产业组织理论认为:"完全竞争的市场能够使资源利用效率达到最大化,获得最优配置,而垄断则会造成社会资源的浪费。另一方面,对适宜于自然垄断的产业,过度竞争就会丧失规模经济效益,同样会造成社会资源的浪费。因此,政府部门应该根据不同的国情和产业组织的发展阶段,或采用鼓励竞争、反对垄断政策,或采用限制竞争、促进集中政策。"[2]因此正确处理"马歇尔冲突"——竞争与规模经济之间的矛盾就成为产业组织政策的主要任务。在现代产业组织管理中,通过建立正常的市场秩序,维护市场的有效竞争,协调市场经济规模和市场竞争效率等必要手段才能赢得现实的经济利益。

---

[1] 苏东水.产业经济学[M].北京:高等教育出版社,2000,第346页
[2] 苏东水.产业经济学[M].北京:高等教育出版社,2000,第375页

产业组织政策体现了其独有的普遍性与特殊性互相结合、互为主辅的特点。所谓普遍性,是指产业组织政策首先是针对大多数产业而言的,并在其中贯彻同一的政策原则,旨在维护基本的市场竞争秩序;而所谓特殊性,则是指对于个别或少数产业而言,或者另有专门的具体针对性的产业组织政策,或者是政策出现了某些特定条件下的通融或是例外。

(二)产业组织政策的分类

产业组织政策从不同的角度划分,可以有不同的分类。

1. 从政策导向角度划分

全国已有的产业组织政策从政策导向角度来看主要分为两类内容。

(1)竞争促进政策

这类政策主张的是在市场经济中积极鼓励竞争、大力限制垄断。这类政策的主要目的是维持正常的市场秩序。主要有反垄断政策或反不正当竞争行为政策及中小企业政策等。

(2)产业合理化政策

这类政策的目的主要是通过国家政府的宏观管理,鼓励专业化和规模经济,同时有效遏制过度市场竞争。主要体现为政府的规制政策。

上述两类政策虽然取向不同,但其在法理上是相容的,鼓励竞争、限制垄断的竞争促进政策符合《反垄断法》的原则精神,而自然垄断产业中的限制竞争政策则是适用《反垄断法》的"例外原则"范围的,两者并不存在法律上的冲突。另一方面,从这一分类意义上来说,产业组织政策作为试图缓和乃至解决"马歇尔冲突"的一项经济政策,实际上并没有适合于任何产业的同一的政策方案,它只能根据不同产业的技术经济特点,并在考虑到一定的时间性的基础上,形成对不同产业的政策导向。这种政策导向上的现实性和灵活性实际上正是其最重要的特色所在。

2. 从政策对象上划分

(1) 市场结构控制政策

这类政策的主要目的是通过采取调整市场结构的一系列举措,如降低市场进入壁垒或者控制市场集中度等主要手段,来实现限制市场垄断或禁止垄断的目的。

(2) 市场行为控制政策

这类政策的主要目的是实施积极的市场行为,来阻止市场上不公正交易行为的发生。

(三) 产业组织政策的目标

1. 产业组织政策的一般目标和具体目标

这里首先论述有效竞争的含义。现代市场的有效竞争主要是指通过积极的政策手段和市场行为保证产业内部各企业之间存在适度竞争,并通过积极的竞争实现企业规模效益的增长。可见这里产业组织政策的制定其一般目标就是使市场上企业之间实现有效竞争,以实现市场资源的最优配置。

实际上,作为政府经济政策的重要组成部分,产业组织政策目标与国家一定时期的经济政策目标是一致的。作为政府干预经济运行的一项准则性的措施,政府的经济政策的合理干预已是保障和促进各国经济发展的必不可少的条件,经济政策的根本指向是那些市场所不能达到的,或者是市场所不能轻易实现的方面。也就是说,经济政策是作为对市场机制的补充,来实现或帮助实现整个社会经济发展的目标。

产业组织政策的具体目标包括两方面:充分利用规模经济和充分发挥竞争活力。由于各个国家的市场组织发育状况不同,国家的经济发展战略和政治经济体制等的差异,各国产业组织政策在围绕其一般目标下,又呈现出各有侧重点的政策实践。如果说产业组织政策的一般目标体现了一种基本的价值观的话,那么作为政策的具体目标便是指每一项政策所希望取得的最终结果。

2. 产业组织政策的结构目标、行为目标和绩效目标

结构方面的目标包括：①在符合规模经济的要求的条件下，制止市场价格由单个企业影响控制情况的发生；②通过发展两个或多个规模均等的企业，避免由单个规模较大的企业垄断整个市场；③把那些由人为因素形成的企业进入或退出市场（或产业）的壁垒从市场上摒除掉。

行为方面的目标包括：①企业在制定价格、产量和营销决策方面，必须独立完成，不能采取企业联合垄断的手段；②市场竞争中企业只能使用提高效率的方法。

绩效方面的目标包括：①利润不高于在其他行业从事同样风险程度生产经营活动可以获取的水平；②促销开支和产品差异化程度在适度范围之内；③最大程度提高企业经营效率；④企业要迅速、及时地进行技术更新。

（四）产业组织政策的手段

产业组织政策具有两种基本类型，即反垄断规制和经济规制，针对不同的类型，其实施手段也存在较大差异。

对反垄断规制来说，其主要手段是法律手段。因此，这一类规制政策的手段涉及反垄断法的制定和法律的具体实施，从其过程来说或许是相当长的，但就手段的多样性来说，或许是最简单的。

就经济规制来说，尽管其包括对一系列企业决策的限制，但经济规制的主要控制变量是企业的价格、产量和企业数目。较少控制的变量是产品的质量和企业投资。

（1）控制价格，即政府对企业的价格制定加以限制，以消除垄断企业利用其垄断地位对消费者剩余和市场效率的损害。价格规制的具体方式可能有多种，如为企业设定某一特定价格，或设定一个最高限价，有时候也会设定一个价格区间。在大多数情况下政府会设定一个完整的价格体系。

(2)控制产量,即对产品和服务的产量进行控制,此时可能有两种情况:一种是同时对价格进行规制,另一种则仅仅进行产量控制。在美国,从20世纪30年代到70年代,政府就对许多原油厂商施加了最高产量限制。此时的价格则由国内市场以及全球市场的供需状况来决定(尽管产量限制会明显地影响价格)。此外,对某些具有公共物品性质的部门如电力、公交服务等的产量限制则采取这样的方式,即要求"以规制的价格水平满足所有的需求"。

(3)控制进入与退出。在经济规制中,政府控制企业数目也是一个很重要的变量,而这主要是通过控制市场的进入和退出来实现的。对进入的控制可能在几个层面上进行。首先是控制新企业的进入,在美国,这通常是公用事业规制的一个重要手段。目前在我国,铁路、电力、电信等行业也存在严格的进入控制。

(4)对其他变量的控制。在有些情况下,政府还需要对企业生产的产品或提供的服务的质量进行控制。例如,要求电力公司保证电力的正常供给。但有时候对质量的定义和监测并不容易,会带来较高的规制成本。例如,对航空公司服务的质量要求可能涉及准点起飞、安全、空中服务、行李管理等。因此,除了对产品安全的严格规制之外,经济规制通常对质量的控制不会很严格。此外,在很少情况下政府也可能对企业的投资进行控制,较多的是针对公共事业部门投资的控制。例如,在美国政府对医院投资进行规制,据说是为了避免重复购置设备。

二、反垄断和反不正当竞争政策的基本内容

(一)垄断与反垄断

西方经济学家给出的关于垄断的定义,认为在某一产业中市场上的全部供给需求都被一个或者几个厂商所控制。在中国像

是钢铁行业、汽车工业或者邮电通信业等几个行业都被几个少数厂商所控制,形成了行业垄断。其实到目前为止关于垄断的定义并没有明确、清晰的界定,各国所给出的垄断的界定只是依据本国国情、法律文化或者垄断的市场形态给出的诠释,具有一定的局限性。

反垄断就是反非法垄断和反行政性垄断。所谓非法垄断主要是指某一行业中有几个厂商联合起来对该行业的市场供给或者市场价格实施垄断,排斥和限制竞争,从而危害社会公共利益的行为;行政垄断主要是针对的是政府部门而言的,政府部门利用自己的行政权力优势,使少数经济主体获得某一方面的行政优势,导致不公平的市场竞争,从而影响社会经济生活的正常运转。

(二)不正当竞争与反不正当竞争

我们认为:"不正当竞争是指经营者在经营活动中,违背诚实信用的原则和公认的商业道德规范,采用损害或可能损害其竞争对手、消费者以及社会公共利益的行为。"[①]具体分析不正当竞争的概念,我们可以看出在不正当竞争行为中从事商品经营或者营利性服务的法人、其他经济组织和个人是行为主体。其主观目的是打压竞争对手,采取非法手段获取不正当利益,并且这种不正当竞争行为严重扰乱了社会正常经济秩序的运行,是一种违背商业贸易原则和商业道德的违法行为。相应地反不正当竞争实际上就是为了扼制和消除不正当竞争行为,运用经济、行政、法律等多种手段,对那些扰乱社会经济秩序、违背商业贸易原则和商业道德的不正当竞争行为进行谴责和制裁。

(三)反垄断和反不正当竞争政策的内容的基本方面

1. 禁止私人垄断和卡特尔协议

私人垄断是指个人、公司或财团通过兼并、收购或倾销等手

---

① 倪振峰. 竞争的权利与策略[M]. 上海:复旦大学出版社,1996,第12页

段,把其他竞争对手从市场上排挤出去,从而确立自己在市场中的垄断地位,并以此支配市场。行业中个人、公司或财团为了有力支配市场,确保自己在市场上的垄断地位,往往采取兼并、收购或倾销等手段来打压、排挤对手的行为称之为私人垄断。对于这种情况,反垄断法是坚决禁止的(如美国的《谢尔曼法》,日本的《禁止垄断法》等)。另外在此申明,反垄断法并不反对一个或一个以上的企业通过高效率、低消耗以及行使专利权或特许权等合法手段所形成的对市场的垄断。卡特尔协议是指多个企业在一定时期内就规定产量、确定价格、划分市场等方面达成的正式或非正式的协议,以达到垄断市场、获取高额利润的目的。对于私人垄断,在有些国家一般并不予以禁止。对于卡特尔协议,由于它限制了企业的生产能力,破坏了市场竞争,并有可能形成市场垄断,所以各国的反垄断法原则上都是禁止的。

2. 禁止市场过度集中

市场适度集中有利有弊,一方面适度的市场集中能够促进规模经济,但如果这个度把握不好,过度市场集中就容易形成市场垄断,不利于市场的有效竞争。在现代市场运行中,市场集中主要是通过企业兼并来实现的。适当的企业兼并能够对市场的发展起到积极的作用,通过企业之间的兼并扩大了企业的生产经营范围,改善产品结构,提高设备的利用率,实现规模效益。但是如果企业兼并过当,极易阻断市场的有效竞争,扰乱正常的市场运行秩序。因此,在很多国家禁止大企业之间的兼并从而防止市场过度集中的出现是有明文法律规定的。

3. 禁止滥用市场势力

滥用市场势力是指某一行业中的一些大企业凭借自身的经济实力以及在市场运行中的支配地位,采取各种打压措施影响其他企业的决策,迫使他们按自己的意愿行事,给市场的有效竞争带来了诸多阻碍。一般来说,这些大企业主要通过以下几种形式滥用市场势力。一是独家交易，即只准经销一家的产品，而不得经销其他同行竞争者的产品。二是价格歧视，即确定市场价格的标准不是生产和经营该产品的边际价格，而是对不同的买家采取不同的价格出售。三是限定区域销售，规定只在某些区域销售或不销售。四是搭配销售，即卖方在销售某一产品时，强行搭配给消费者另一种商品。

（四）反垄断与反不正当竞争在市场经济中的作用

1. 调节市场供求

在市场经济中，价格因素是调节市场供给需求的决定性因素。公平的市场竞争环境，能够有效作用于价格的调节，从而有利于市场资源的合理配置，从生产过剩、产品利润率低于平均利润率的市场上抽出资本，转移到生产不足、利润丰厚的经济领域。

2. 促进社会经济发展

在公平竞争机制的影响下，企业就必须努力降低生产成本和价格，才能在市场竞争中处于优势地位，获取额外的利润。生产成本和价格的有效降低，最有效的实现途径就是努力改善经营管理，不断开发新技术、新产品和新工艺，促进企业的发展创新。这些措施的实施能够进一步从整体上实现社会生产力的发展，促进社会经济的整体发展。

3. 保护消费者利益

一方面，企业之间通过在市场环境下公平竞争，能够使产品价格保持一定的均衡，对于消费者来说不宜形成某一产品的价格垄断，要保持产品价格适当；另一方面公平竞争引导企业经营者为了获得有利的市场地位，不断进行技术升级，产品更新，从而创造出更能满足消费者需求的产品。

第四章 产业结构理论研究

经济的发展与产业结构之间是一种相互促进的关系。经济的不断向前发展,会促进产业结构的转换,而产业结构在转换之后又会反过来促进经济的进一步发展。这已被许多国家的经济发展所证明。发达国家和一些新兴工业化国家在产业结构理论研究和实际应用方面已经积累了大量的宝贵经验,取得了大量的成果。

第一节 产业结构理论概述

对一个国家在经济方面进行评价,不仅要看到其在国民生产总值方面比重的上升,同时还要看到其产业结构的成长。实际上,总量与结构之间是一种相互作用的关系,其是社会经济发展过程中所涉及的两个最为基本的变量。国家经济的不断发展与繁荣就是总量和结构相互作用的结果。其中,总量主要指的是国民生产总值、国民收入、总供给与总需求等方面的数值,可以反映出一个国家经济发展水平与动态关系。而结构主要指的是一个国家所存在的产业结构,是国民经济各产业之间和产业内部各部门之间的联系和数量比例关系。

一、产业结构的概念

产业结构指的是,一个国家或地区在生产过程中的产业组成状况,也就是不同的资源在不同产业间的配置状况。产业发展水平指的是,各产业在整个市场中所占的比重,以及各个产业间所存在的经济技术联系,也就是市场中各产业间所存在的一种相互作用、相互依存的生产方式。

在对一个国家的产业结构进行研究时,可以从"质"和"量"两方面分别入手。从"质"的方面对产业结构进行分析,实际上运用的就是狭义的产业结构理论,其可以揭示出各产业之间技术经济联系与联系方式不断发生变化的一种动态缓变趋势,说明一个国家经济不断发展的过程中,其主导产业在不断发生着变化,需要进行多次更替,并在此过程中为国家带来了巨大的效益。如果从"量"的方面对产业结构进行分析,实际上运用的就是产业关联理论,其可以揭示出在一定时期内产业间的联系与联系方式的技术经济数量间的一种静态比例关系,由此可以表现出产业间"投入"与"产出"之间所存在的一种比例关系。应当明确的是,狭义的产业结构理论和产业关联理论共同组成了广义的产业结构理论。

需要注意的是,在对产业结构进行研究的过程中,所谓的产业结构理论通常指的都是狭义的产业结构理论,这样就可以将其与产业关联理论进行有效的区分,防止概念混淆。

二、产业结构理论的内容

产业结构理论,指的是各产业之间存在的相互联系及联系方式,其主要是从经济发展和产业发展的角度来对产业间的资源占有关系进行研究的,以此来揭示出产业间技术联系和联系方式不断发展变化的趋势。由此可以看出,产业结构的演进规律、产业结构变化的高度化和发展的合理化等才是对产业结构研究的重点,其为政府制定恰当、有效的产业结构政策提供了重要的理论依据,这不仅有助于实现国内产业结构的优化升级,而且对提高我国的综合实力也具有重要的意义。

产业结构理论是一个极为庞大的概念,从广义角度来看,产业集群、产业关联和产业布局也应被包含在内。产业集群指的是,以某一特定产业中的大量企业及相关企业高度集群作为标志,是企业、行业协会、金融机构、职业培训和科研机构、地方政府之间相互作用的空间集合。产业关联是产业结构理论的一项重要组成部分,其研究的主要方向是企业间投入与产出间的关系,其对产业之间质和量的关系有更为深入的研究,这是狭义的产业结构理论主要的不同之处。产业布局指的是,产业在一个国家或是一个区域范围内的空间分布和组合,对产业布局进行深入的研究,有助于对不同区域间的产业发展政策进行合理的协调,促进产业经济不断发展壮大。

三、产业结构的分类

由于各个国家的产业经济发展情况及程度间有很大的不同,并且在国民经济发展的不同时期各产业之间所存在的关系也是不同的,因此各国的产业结构就会呈现出不同的状况。根据上述产业结构的不同状况,就可以将产业结构分为不同的类别。

(一)协调型和失衡型结构

根据各产业之间数量的不同的比例,可以将产业结构分为协调型结构和失衡型结构两种不同的类型。

1. 协调型结构

协调型结构又可以叫做均衡型结构,指的是各产业间的数量比例关系合理,并且没有出现产品过剩或是短缺的情况,投入与产出之间能够保持平衡,有利于一个国家的经济实现协调发展的产业结构。

2. 失衡型结构

失衡型结构,即畸形结构,指的是一个国家中存在的各种产业的数量出现了失衡的情况,甚至某些产品还出现了严重的过量或是短缺的情况,投入与产出之间也不协调,不利于一个国家的经济实现进一步发展的产业结构。

(二)金字塔型、鼓型、哑铃型和倒金字塔型结构

农业、工业和服务业是我国的三大产业,根据其在国民经济中所占的不同比重以及其所占据的不同地位,可以将产业结构分为金字塔型、鼓型、哑铃型和倒金字塔型结构,四种不同的类型。

1. 金字塔型结构

金字塔型结构通常是农业社会或农业国的标准产业结构。金字塔型结构,指的是第一产业在国民经济中所占的比重最大,具有最为关键的战略性意义,而工业和服务业所占的比重相对较小。该产业结构类型是一种以第一产业为主的产业结构,其工业生产主要是手工业。

2. 鼓型结构

鼓型结构一般是工业社会或工业国的标准产业结构。鼓型结构,指的是在国民经济中,第二产业所占的比重最大,而第一和第三产业所占的比重则相对较小,这是以一种以制造业为主的产业结构。根据每个国实际经济情况的不同,又可以将鼓型结构分为两种不同的情况。第一种情况是,处于工业化前期的结构,在此期间,工业在国民经济中所占的比重最大,并且第一产业所占的比重要大于第三产业;第二种情况是,处于工业化后期的结构,在此期间,工业在国民经济中所占的比重仍然最大,但是第二产业的比重已经超过了第一产业的比重。

3. 哑铃型结构

哑铃型结构是部分发展中国家或地区在特定的条件下所形成的产业结构。哑铃型结构指的是,第一和第三产业在国民经济

中所占的比重较大,而第二产业所占的比重较小的产业结构。根据国家经济发展情况的不同,哑铃型结构也可以分为两种不同的情况。第一种情况是第一次产业在国民经济中所占的比重要大于第三产业的结构;第二种情况是,第一产业的比重要小于第三产业的比重。

4. 倒金字塔型结构

倒金字塔型结构通常会存在于后工业社会或发达的工业化国家之中。倒金字塔型结构指的是,在三大产业中,第三产业在国民经济中占有最大的比重,其次依次为第二产业和第一产业,是一种以服务业为主的产业结构。

(三)初级结构、中级结构和高级结构

一个国家或地区的产业结构可以分为初结构、中级结构和高级结构三个不同的类型,这是根据每个国家经济发展程度、技术水平和附加值大小的不同来进行划分的。产业结构的高度化,实际上指的就是一个国家或地区的产业结构逐渐由低级向高级不断发展的过程。

1. 初级结构

初级结构是一种经济发展水平较低的产业结构,在该产业结构中占主导地位的通常都是第一产业,并且各产业的技术水平、加工程度和附加值都较低,并且以劳动密集型产业为主。

2. 中级结构

中级结构是一种经济发展水平较高的产业结构。在该产业结构中占主导地位的是第二产业,并且各产业的技术水平、加工程度和附加值都较高,并且以资本密集型产业为主。

3. 高级结构

高级结构是一种经济发展水平最高的产业结构。在该产业结构中占主导地位的是第三产业,并且各产业的技术水平、加工程度和附加值都是最高的,并且以技术密集型产业为主。

(四)重型、轻型和以农为主型的产业结构

一个国家或地区的产业可以分为农业、轻工业和重工业三种类型,而根据这三种产业在国民经济中所处的不同地位,还可以将产业结构分为重型结构、轻型结构和以农为主型结构三种不同的类型。

1. 重型结构

重型结构通常会产生在处于工业化中、后期的国家或是片面强调发展重工业的国家,其主要是重工业为主的产业结构。

2. 轻型结构

轻型结构通常会产生在工业化初期,是以轻工业生产为主的产业结构。

3. 以农为主型结构

以农业为主型结构通常会出现在还没有产生工业化的国家。

第二节 产业结构的演变

一、产业结构影响因素

(一)供给因素

对产业结构会产生影响的供给因素主要包括自然条件、资源禀赋、劳动力资源和资本供应等。

第四章　产业结构理论研究

1. 自然条件和资源禀赋

如果一个国家想拥有较为合理的产业结构,那么其就应该将本国的自然条件和资源禀赋进行更好的发挥,这样才能够利用因地制宜的良好条件,推动国民经济不断向前发展。在这种情况下,本国的自然条件和资源禀赋,如气候、水土、森林、矿产等都会对产业结构的形成产生重要的影响。

(1)对于那些气候温和、水资源丰富、土地广阔肥沃的国家和地区来说,农业是较为适合他们发展的产业,因此在这些国家和地区,通常农业会处于较为重要的地位。

(2)对那些自然人文景观较为独特,旅游资源丰富的国家和地区来说,较为适合建设资源开发型的产业,在一定的条件下甚至还可以形成以资源开发型产业为主导的产业结构。例如,世界上重要的石油输出国一般都会形成以石油开采为主导的产业结构。

(3)对于那些自然资源较为匮乏的国家和地区来说,由于自身条件的限制,因此不可能形成资源开发型的产业,因此他们通常都会转为构建以加工制造业、知识密集型产业或是以服务业为主体的产业结构。

需要注意的是,不同国家自然资源的状况对工业部门发展的影响并不是绝对的,而是相对的。这是因为,随着科学技术的不断进步,国家和地区中所存在的很多原本难以开采的资源都可以重新得到开发,这样就有助于实现综合利用,提高资源的使用效率,除此之外,随着国际贸易的不断发展壮大,那些自然资源较为短缺的国家和地区来,就可以通过国际贸易的方式从国外买进自身发展所需要的资源,以此缓解自身资源短缺的状况,降低资源短缺对国内产业结构发展所造成的影响。

2. 劳动力资源

对于一个国家和地区的产业结构形成来说,劳动力是其中最为重要的一项影响因素。对于那些新型的产业或是正在发展壮大中的产业,能够连续不断地为其输送新的劳动力,是产业结构不断向前衍变的一个重要条件。如果劳动力不具有较强的流动性,那么这将对产业结构进一步的发展产生严重的阻碍作用。应当注意的是,劳动力在各产业间的流动,不仅要保证劳动力数量的充足,同时还要保证劳动力要具有较高的质量,即受教育水平较高、学习能力强、拥有掌握高技术的能力。

产业结构的形成及影响因素还会受到劳动力资源状况的影响,如劳动力的数量、素质和价格等在发生变化之后,必然也会对本国的生产结构产生影响。如果一个国家和地区拥有丰富的廉价劳动力,那么劳动密集型产业将是最为适合这个国家和地区的产业结构;如果一个国家的劳动力受教育程度普遍较高,并且素质良好,那么知识密集型产业将是最为适合这个国家和地区的产业结构;如果一个国家和地区的劳动力价格昂贵,那么资本和技术密集型产业将是最为适合这个国家和地区的产业结构。只有每个国家和地区根据自身劳动力状况的实际情况,选择最为适合自身发展的产业结构,才能为国家和地区创造更高的效益。

3. 资本供应状况

企业在进行扩张和企业扩大再生产的过程中,资本在其中起到了极为关键的作用。所谓的投资结构,指的就是在不同的产业中投入的资金所构成的比例。当前,造成产业结构发生改变的直接原因就是投资方向的改变。如果企业将投资的主要目标转为市场中出现的新兴产业和消费者群体中出现的新的需求,随即新的产业就会出现,从而改变原有的产业结构;如果市场中投资的对象只是其中的一部分产业,那么接受投资的产业的发展速度将会明显高于没有接受投资的产业,这样也就导致原有产业结构的改变;如果企业所投资的对象是所有的产业,只是投资的比例不同,那么该国家各产业的发展程度就会产生不同程度的改变,使得产业结构发生改变。随着现代经济的高速发展，现代化的技术手段也不断在更新，企业生产设备也日益扩大规模，对于那些高新技术产业和重工业来说，如果没有丰富的资金的持续支持，那么其想要获得进一步的发展将是一件极为困难的事情。

由此可见，资本积累程度也是造成国家和地区产业结构发生改变的一个重要原因。对于现代企业来说，其运营过程中所使用的资金通常都需要支付一定的股息和利息，这就是所谓的"资本的价格"，也就是使用资本所需要付出的代价。一个国家和地区的产业结构也会受到这种"价格"和劳动力价格，即工资水平之间比较关系的影响。如果一个国家和地区的工资水平较低，那么其就比较适合劳动密集型产业的发展。相反，如果一个国家和地区的工资水平较高，那么其就会对高新技术产业、重工业等资本有机构成较高产业的发展产生严重的阻碍作用。由于高新技术产业和重工业的发展耗资巨大，因此只有拥有充足的资金支持，才会对这些产业的发展产生巨大的推动作用。如果国家和地区不仅拥有充足的资金，并且资本价格也较为低廉，那么其将对短板企业的发展产生重要的拉动作用，有利于产业结构进行合理的调整，同时大力发展资本密集型产业和高新技术产业，也将有利于实现产业结构的合理化和高级化。

(二)需求因素

人们需求的变化也是造成产业结构发生变化的一个重要影响因素，因为，进行社会生产的最终目的就是要不断满足人们日益增长的物质文化需求。人们的实际需求情况，会受到人口的数量、结构、经济发展状况、人均收入水平等多种因素的影响。例如，如果人们由于收入有限而不能满足所有层次的需求时，人们就会将有限的收入投入到那些能够满足生存需要的产业之中；如果人们的收入较高，那么人们自然会在生存需求满足之后，转而将其余的收入拿去购买那些更高层次的产品，因此人们需求结构的不同也会对生产结构的改变产生影响。

1. 需求总量

人们需求总量的大小会对产业结构规模大小产生直接的作用,也就是会直接影响构成产业结构的产业数量的多少及其规模的大小。如果一个国家和地区的需求总量较小,那么其所要求提供的产品和服务就会相应变少,与此相应的产业总体规模就会变小,反之,则会变大。由于人们的需求总量会受到人口数量、经济发展状况、人均收入水平、物价总水平和投资总量等多方面因素的影响,因此,这些要素的变化必然也会导致相应产业结构的变化。如果一个国家和地区的经济发展加快,人口数量持续增加,人们的收入水平不断提高,企业的投资规模也不断扩大,那么人们的需求总量也会不断扩大,随之该国家和地区的产业结构也会逐渐扩大。

2. 需求结构

从人们需求结构的角度来看,其变化会对产业结构的变化产生直接的影响。这是因为,人们需求结构的改变会改变相应的生产结构和供给结构,这样就会使得产业结构产生相应的变化。

(1)个人消费结构

个人消费结构是需求结构的一部分,其对产业结构变动所产生的影响是最大的。据研究表明,最优的经济增长率实际上就是最优的消费增长率。其原因是,个人的消费结构不仅会对最终产品的生产结构和生产规模产生直接的影响,而且也会对中间产品的需求产生间接的影响,导致产业结构发生改变。随着市场经济的不断发展,人们生活水平的不断提高,需求总量也随之扩大,使得人们的消费结构发生改变,人们消费物品的档次更高,个人需求也更加倾向于多样化和多层次化。由此可见,市场中所形成的多层次的消费结构也会对产业结构的升级产生重要的拉动作用。

(2)人口的增加和人均收入水平的变化

从众多国家的发展中可以看出,如果一个国家的人均收入水平普遍提高,那么该国家的需求总量也会得到普遍提高,而需求总量的变化又会带动该国和地区产业结构的变化。对于一般的国家来说,一般都是人口越多,该国的消费需求就越大,但是对于那些较为贫困的国家和地区来说则不是这样,人口越多反而会降低该国的人均国民收入水平,对该国产业结构的高度化的发展造成阻碍。而对于发达国家来说,由于他们的经济的发展水平已经步入高度发达阶段,人均收入也处于世界领先地位,因此这些国家的产业结构通常都已经进入了高度化的阶段。由此看来,人均收入水平的变化也会对产业结构的改变产生重要的影响。

(3)中间需求和最终需求的比例

所谓的中间需求实际上指的就是人们对中间商品的需求,而中间产品又指的是,还不能直接投入市场,需要再次进行生产加工,并且在生产过程中能够一次转移其全部价值的产品,如原材料和零部件等,中间产品的需求结构会对生产中间产品的产业的内部结构产生决定的作用。最终需求指的是,对最终产品的需求,而最终产品指的是,可以直接投入市场,不再需要对其加工和生产,可以供人们直接使用和消费的产品,而人们对最终产品的需求也会对生产该产品企业的内部结构产生决定作用。由此可见,中间需求和最终需求之间的比例变动也会造成该国家和地区产业结构的变化。

对中间需求与最终需求比例产生决定作用的影响因素,具体说来主要包括以下几个。

①生产资源利用率。如果一个企业的生产资源利用率高,那么该企业的最终产品对中间产品消费的需求就会减少,反之,就会增大。

②最终产品的性能和制造技术的复杂程度。如果企业生产一件产品的生产技术较为复杂,那么通常其对中间产品的需求量就大。

③专业化协作水平。如果一个企业管理、生产等方面的专业化水平越高,那么通常相同产出的最终产品对中间产品的依赖程度就会越大。

(三)技术进步

进入 21 世纪以来,科技已经成为了第一生产力,科学技术的创新会对国家经济的发展产生巨大的推动作用,科学技术的持续进步已经成为推动产业结构变化的一项最主要和最根本的原因。

1. 科技进步对供给结构的影响

(1)科技进步可以不断提高资源的利用效率,保护自然资源,改善自然环境,不断开发出新的资源,从而形成比较优势,改变当前资源供给的状况。

(2)企业通过定期开展教育和培训课程,将劳动者用先进的科学知识武装起来,不断提高劳动者的素质和业务水平,从而改善劳动者的供给状况。由于劳动力的供给会对产业结构的变动产生影响,因此科技的进步也就间接改变了生产结构的状况。

2. 科技进步对需求结构的影响

(1)科技进步可以促使企业开发出更多的新兴产品,促进消费品加快更新换代的速度,从而改变人们的需求结构。

(2)科技进步可以提高资源利用率,降低产品的损耗,不断开发新的可替代资源,从而使得需求结构发生改变。

(3)科技进步可以提高产品的质量,降低企业的成本,使得产品的价格要低于市场同类产品的价格,这样就可以生产出受到消费者欢迎的物美价廉的商品,这样有利于通过改变产品需求,从而带动需求结构发生变化。由于需求结构会对产业结构产生影响,因此科学技术的进步也就间接改变了一个国家和地区的产业结构。

3. 科学技术进步推动产业结构高度化

科学技术的不断进步对一个国家和地区产业结构实现高度化演变具有重要的作用。应当明确的是,产业的技术基础和产业的技术结构都被包含在了产业结构之中,科学技术的不断进步会使得产业的技术基础和技术结构产生改变,因此科学技术的不断进步也就推动了产业结构的高度化发展。

在世界经济发展过程中,由农业经济社会向工业经济社会、知识经济社会的演进,由第一产业为主向第二、第三产业为主的演进,由劳动密集型产业为主向以技术、资本密集型产业为主的演进,其前提必定都是劳动生产率的不断提高和科学技术的不断进步。

二、产业结构演变的一般趋势

科学技术和市场需求的不断提高,会促使产业间的增产出现发展不平衡的情况,这就会使得产业间的数量比例、产业的地位以及产业间相互联系的方式也随之发生变化。新型的主导产业最终会取代旧的生产,这就会产生新的产业联系方式,企业间的数量比例关系也就会产生变化,这些变化的出现就会使得原有的产业结构产生变化,进入一个新的发展水平。产业结构演变的趋势发展主要体现在以下几方面。

(一)从工业化发展的阶段来看

从一个国家和地区的工业化发展历程来看,其产业结构主要经历了前工业化时期、工业化中期、工业化后期和后工业化时期,这四个阶段。在这四个阶段中,三大产业的发展程度是各不相同的,如表4-1所示。

表 4-1 工业化发展不同阶段的产业结构演变

	工业化发展阶段	产业结构演变
第一阶段	前工业化时期	第一产业产值在国民经济中的比重逐渐缩小,其地位不断下降; 第二产业有较大发展,工业重心从轻工业主导型逐渐转向基础工业主导型,第二产业占主导地位; 第三产业也有一定发展,但在国民经济中的比重比还较小
第二阶段	工业化中期	工业重心由基础工业向高加工度工业转变,第二产业仍居第一位,第三产业逐渐上升
第三阶段	工业化后期	第二产业比重在三次产业中占有支配地位,甚至占有绝对支配地位
第四阶段	后工业化阶段	产业知识化成为主要特征

从上表中我们可以看出,从工业化发展的第一阶段到第四阶段产业结构的演进。实际上,产业结构也是按照从低级向高级走向高度现代化的,如表 4-2 所示,从各个发达国家各产业部门所占份额的变动数据中就可以看出这一规律。

表 4-2 国民生产总值中部门份额长期变动

国别	年份	农业	工业	服务业	国别	年份	农业	工业	服务业
英国	1811	34.1	22.1	43.1	美国	1839	44.6	24.2	31.2
	1907	6.4	38.9	54.7		1929	11.2	41.3	47.5
	1924	4.2	53.2	42.6		1953	4.3	45.3	50.4
	1965	3.4	44.1	52.5		1975	3.5	31.9	64.6
	1985	2.0	36.0	62.0		1985	2.0	31.0	67.0
法国	1886	25.0	46.2	28.8	日本	1883	65.5	34.4	
	1963	8.4	51.0	40.6		1933	23.3	76.3	
	1974	5.1	43.3	51.1		1954	16.1	83.9	
	1985	4.0	34.0	62.0		1965	11.2	35.8	53.0
						1985	3.0	41.0	56.0

资料来源:库兹涅茨:《现代经济增长》,北京经济学院出版社,1989。

在世界产业结构的不断演进中,经历了一个从第一次产业占优势向第二次产业占优势,再向第三次产业占优势的发展阶段,我们将产业结构的这一发展过程称为"高服务化"。其发展的具体过程是:第一阶段,随着经济的不断发展,工业化程度也不断加深,原来农业经济占主导的地位开始出现变化,工业生产开始上升;第二阶段,工业生产在国民经济中所占比重大幅上升,在产业结构中占有绝对优势的地位;第三,在进入工业化后期(20世纪中期以后),工业生产开始下降,服务业在国民经济中所占比重逐渐上升,并最终占据主导优势。

(二)从主导产业的转换过程来看

产业结构的演进有以农业为主导、轻纺工业为主导、原料工业和燃料动力工业等基础工业为重心的重化工业为主导、低度加工型的工业为主导、高度加工组装型工业为主导、第三产业为主导、信息产业为主导等几个阶段。在不同阶段中,产业结构的实际状况如表4-3所示。

表4-3 主导产业转换过程中产业结构的演变

	主导产业转换过程	产业结构演变
1	农业为主导的阶段	农业比重占有绝对地位,第二、第三产业的发展均很有限
2	轻纺工业为主导的阶段	轻工业取代农业成为主导产业,重化工业和第三产业的发展速度较慢
3	原料和燃料动力等基础工业为重心的重化工业阶段	农业产值在国民经济中的比重已经很小,轻纺工业发展速度逐渐放慢,而以原料、燃料、动力等基础设施工业为重心的重化工业逐渐取代轻纺工业的位置成为主导产业
4	低加工度组装型重化工业为主导的阶段	传统型、技术要求不高的机械、钢铁、造船等低加工组装型重化工业发展速度较快,其在国民经济中的比重越来越大,并成为主导产业

续表

	主导产业转换过程	产业结构演变
5	高度加工组装型工业为主导的阶段	由于高新技术的大量应用,传统工业得到改造。技术要求较高的精密机械、精细化工、石油化工、机器人、电子计算机、飞机制造、航天器、汽车及机床等高附加值组装型重化工业有较快发展,成为推动国民经济增长的主要动力,成为国民经济的主导产业
6	第三产业为主导的阶段	第二产业的发展特别是传统产业的下降幅度较大,内部的新兴产业和高新技术产业仍有较快发展,但已不占主导地位,第三产业成为国民经济的主导产业
7	信息产业为主导的阶段	信息产业成为国民经济的支柱产业和主导产业,人们也常把这一阶段称为后工业化社会或工业化后期阶段

(三)从三大产业的内在变动来看

从产业结构的演进来看,第一产业、第二产业和第三产业依次是一个国家或地区在一定时期的主导产业。在三大产业内部,产业结构的演进如表4-4所示。

表4-4 三大产业内部产业结构的演进

	三大产业	产业结构演进
1	第一产业	产业结构从技术水平低下的粗放型农业向技术要求较高的集约型农业,再向生物、环境、生化、生态等技术含量较高的绿色农业、生态农业发展; 种植型农业向畜牧型农业,野外型农业向工厂型农业方向发展
2	第二产业	产业结构的演进朝着"轻纺工业—基础型重化工业—加工型重化工业"方向发展,从资源结构变动情况来看,产业结构沿着"劳动密集型产业—资本密集型产业—知识(包括技术)密集型产业"方向演进; 从市场导向角度来看,产业结构朝着"封闭型—进口替代型—出口导向型—市场全球化"方向演进
3	第三产业	产业结构沿着"传统型服务业—多元化服务业—现代型服务业—信息产业—知识产业"的方向演进

从工业内部来看,产业结构是按照"重化工业化"的趋势来发展的,即由轻纺工业占优势向重化工业占优势的方向发展。联合国工业发展组织国际工业研究中心,根据联合国统计处所提供的资料对全世界制造业中轻重工业所占比重的变化作出分析:"1955年以来,一切经济类型国家的生产总趋势是重工业比重增长,这种变化在发展中国家体现得最为明显"。从目前发达国家的产业结构来看,其重工业化率已经超过了70%,如表4-5所示。

表4-5 1955—1976年轻工业和重工业在整个制造业中的比重

单位:%

经济类型或地区	1955年 轻工业	1955年 重工业	1960年 轻工业	1960年 重工业	1965年 轻工业	1965年 重工业	1970年 轻工业	1970年 重工业	1976年 轻工业	1976年 重工业
世界	41.2	58.8	40.7	59.3	37.0	63.0	34.4	65.6	32.3	67.7
中央计划经济国家	49.3	50.7	41.9	58.1	36.0	64.0	33.0	67.0	28.2	71.8
发达市场经济国家	36.5	63.5	38.0	62.0	35.2	64.8	33.0	67.0	32.4	67.6
发展中国家	67.3	32.7	62.5	37.5	56.8	43.2	52.8	47.2	48.9	51.1
亚洲			69.0	31.0	61.6	38.4	57.9	42.1	55.0	45.0
拉丁美洲			57.2	42.8	52.3	47.7	47.7	52.3	42.5	57.5

资料来源:联合国工业发展组织:《世界各国工业化概况和趋势》,中国对外翻译出版公司,1980。

(四)产业结构演进的阶段区间具有可塑性

从一个国家或地区的产业结构演进的历程来看,产业结构在从低级向高级发展的过程中,每一个阶段都必须经过,不能随意跳过,但是每一个阶段所经历的时间却可以有所减少。从经济结构的演进角度来看,后面较高级的产业阶段想要获得发展,就必须要将前一阶段产业的发展作为基础。也就是说,第二产业想要获得发展,成为主导产业,就必需建立在第一产业发展到一定程度,取得一定成就的基础之上。同理,第三产业要想获得进一步的发展,必须要将第二产业发展的成果作为奠基。需要注意的是,虽然产业结构的不断向高级方向演进会对当地的经济产业一定的拉动作用,但不可避免的是,这也会对该国和地区的经济发展造成一定的破坏。

第三节　产业结构的优化

一、产业结构优化的概念

产业结构优化指的是,为了提高一个国家或地区产业经济的发展水平,从而采取多项措施使得各项产业之间能够实现协调发展的过程。从实质上看,产业结构的优化最终是要在各产业间实现资源的优化配置和高效利用,从而拉动国民经济整体的提高。

产业结构优化包括两方面的内容:一方面是实现产业结构高度化,其决定了分配到各产业中的资源能否实现高效利用,从而能够为企业带来更多的收益;另一方面是实现产业结构合理化,其决定了资源能否在各个产业之间实现优化配置,从而减少浪费现象的产生。

二、产业结构优化的内容

(一)需求结构的优化

需求结构指的是,在一定收入水平条件下,政府、企业、家庭或个人所能承担的对各产业产品或服务的需求比例,以及以这种需求为联结纽带的产业关联关系。

（二）供给结构的优化

供给结构指的是,在一定的价格条件下,资本、劳动力、技术、自然资源等生产要素在国民经济各产业部门间的供给比例,以及以这种供给关系为连接纽带的产业关联关系。

（三）国际投资结构的优化

国际投资结构指的是,一个国家对外投资与外国在本国投资之间的比例关系,以及对外在不同产业之间的投资比例与外国在本国不同产业之间的投资比例及其各种派生的指标。

（四）国际贸易结构的优化

国际贸易结构指的是,国民经济各产业所生产的产品或服务进出口之间的比例,以及以这种进出口关系为连接纽带的产业关联关系。

三、产业结构合理化

（一）产业结构合理化的概念

产业结构合理化是一个动态的过程,指的是要不断加强并提高产业与产业之间的协调能力和关联水平。在实现产业结构合理化的过程中,不仅要实现产业结构的均衡发展,同时还要全面提升各产业的素质水平,根据市场的实际消费需求和资源条件,对原有不健全的产业结构进行调整,从而最终实现资源在各产业间的有效配置和合理利用。

需要注意的是,产业之间相互作用的关系对经济的整体作用极为重要,其关系越协调,结构的整体作用就会越高,产业结构也就更趋合理化。相反,如果产业间的关系存在矛盾,那么结构的整体作用就会被削弱,产业结构也就显得不够合理,应该对其进行优化。

(二)产业结构合理化的标志

产业结构合理化的标志可以从以下四个方面体现出来。

第一,一个国家和地区所存在的所有的产业的数量,及各产业内部具体的生产部门的数量比例较为合理,能够实现投入与产出的均衡发展,能够充分发挥出各产业部门的最大生产能力,从而有助于企业实现扩大再生产,满足人们需求的增长。

第二,在产业结构中,各个产业的类型构成较为合理,其中,环保产业和节约、保护、高效利用资源的产业可以得到较快的发展。

第三,产业结构与资源结构相适应,能够全面理解国内外的优势资源,并实现充分的利用,积极参与国际分工,充分发挥本国的比较优势,从而能够获得较高的比较利益。

第四,产业结构与需求结构相协调,并会随着需求结构的变化而产生相应的变化。

在实现产业结构合理化之后,各产业就可以对本国的人力、物力、财力实现充分、合理的利用,同时还能感受到实行国际分工的好处,有利于实现国民经济的高速发展,满足不断增长的社会需求,实现人口、资源、环境的良性循环,还有利于社会生产、交换和分配的顺利进行,实现社会扩大再生产的目标。

(三)产业结构合理化的衡量方法

1. 需求适应性判断法

对一个国家和地区的产业结构是否合理进行判断时,需要看其内部的所有产业需求收入弹性与生产收入弹性是否相等,整个产业结构与市场的需求结构是否相协调。

$$需求的收入弹性 = \frac{某商品的需求量的变动率}{消费者收入量的变动率}$$

2. 市场供求判断法

对于一个国家或地区内所存在的各个产业来说,产业结构的合理主要表现在,其生产的产品或劳务的供求没有出现严重的过剩或是短缺,能够基本保持平衡,并且部门的生产能力与市场需求是相适应的。

3. 影子价格分析法

影子价格可以反映出资源最优使用效果的价格,其可以通过线性规划的方法来计算。各种产品的边际产出相等时,就可以表明各项资源在各产业中得到了合理的配置,产品的供求实现了平衡,产业部门的组合是正确的。因此在对产业结构合理程度进行评价时,可以通过计算各产业部门的影子价格与产业总体的影子价格的平均值的偏离程度进行评级,偏离的程度越小,则表示产业结构就越趋向合理化。

4. 结构效果判断法

产业结构变化引起的国民经济总产出的变化,也可以用来衡量产业结构是否趋于合理化。在产业结构变化的过程中,如果国民经济的总产出也逐渐增长,那么就说明当前产业结构正在朝着合理化的方向变动。

四、产业结构高度化

(一)产业结构高度化的概念

产业结构高度化指的是,产业的总体发展水平不断提高,产业结构逐渐由低级向高级不断演变的过程。需要注意的是,产业结构的高度化实际上只是一个相对的概念,在一定的经济阶段中,其是产业结构在多方因素,如需求结构和科技进步等的作用下,针对现有的社会生产力水平来说的。一个国家和地区在工业化发展的过程中,产业结构的高度化发展通常会经历三个阶段。

1. 重工业化阶段

当一个国家和地区的产业结构处于重工业化阶段时期时,该时期的工业结构一般都是开始由轻纺工业为主开始转向以重工业和化学工业为主。

2. 高加工度化阶段

产业结构在高加工度化阶段中,以原材料为重心的结构转向以加工组装工业为重心的结构。该阶段的特点是,拥有高度发达的生产社会化程度和专业化联系,区域性资源结构强制的压力和资源短缺不再成为限制产业结构发展的关键性因素,经济发展的速度明显加快。

3. 知识技术高度密集化阶段

产业结构处于知识技术高度密集化的阶段时,各个产业部门开始更多地采用高新技术装备来进行生产,开始兴起一大批以知识、技术密集为特征的高新工业。在该阶段,资本积累已经不再是限制产业结构和国民经济发展的关键因素,开始冲破工业社会框架的束缚,朝着"后工业社会"的产业结构进行转变。

(二)产业结构高度化的标志和衡量方法

产业结构高度化的标志和相应的衡量方法,如表4-6所示。

表 4-6　产业结构高度化的标志和衡量方法

产业结构高度化的标志	具体内容	产业结构高度化的衡量方法	具体内容
高加工度化	以轻纺工业、原材料工业等加工程度较低的产业为重心的产业结构开始向以加工程度较深的制造业为重心发展	加工度衡量法	依据产业加工度高低来判断产业结构发展水平高低的方法。加工度高的产业在产业结构中占的比重越大,产业结构的高度化程度越高
高附加值化	附加值大的产品在产业结构中占据了很大的比重,处于重要的地位	附加值衡量法	依据产业附加值的大小来判断产业结构发展水平高低的方法。附加值大的产业在产业结构中占的比重越大,产业结构的高度化程度越高
技术集约化	技术密集型产业成为该产业结构的主导产业,并且各产业的技术水平越来越高,技术基础也越来越先进	技术集约程度衡量法	依据产业技术集约程度的高低来判断产业结构发展水平高低的方法。产业结构的技术水平越高、技术基础越先进、技术密集型产业在产业结构中占的比重越大,产业结构的高度化程度越高
知识化	在产业结构中,生产和传播知识的产业成为了主导产业,生产和知识成为产业发展中的决定性因素	知识化程度衡量法	依据产业知识化程度的高低来判断产业结构发展水平高低的方法。生产和传播知识的产业在产业结构中占的比重越大,产业结构的高度化程度越高
服务化	第三次产业——服务业,成为国民经济中的主导产业,在产业结构中占据很大的比重	第三次产业比重衡量法	依据第三次产业在国民经济中所占比重的大小来判断产业结构发展水平高低的方法。第三次产业在国民经济中占的比重越大,产业结构的高度化程度越高

在对产业结构进行研究的过程中,一定要注重产业结构的高度化和产业结构的合理化之间的关系,二者是不可或缺的。其

中,高度化的实现要以合理化为基础,如果产业结构的合理化都没有实现,那么产业结构的高度化也就不会实现,不能再进行产业结构的升级,因为其失去了实现的基础。反过来,产业结构的合理化也需要产业结构的高度化来引导,其是实现产业结构合理化的重要目的,如果没有产业结构高度化的存在,那么合理化的存在也就失去了存在的价值。

第四节 产业结构政策

产业政策是国家实施的一项带有宏观性和中长期性的经济政策,其制定的主要目的是进一步完善市场机制,弥补市场中存在的漏洞和缺陷,通过引导和干预的方式对特定的产业活动进行规范,促进国民经济的快速发展。

一、产业结构政策的概念与分类

(一)产业结构政策的概念

产业结构政策,指的是一国政府在产业结构的演进规律的基础上,根据其自身所处的经济发展阶段,对本产业结构演进的目标进行规划,从而最终实现各项资源在产业中的优化配置,促使本国经济可以向着更为深远的方向发展的一项经济政策。

(二)产业结构政策的实质

产业结构政策制定的实质是,促进经济的快速增长,实现资源的优化配置,推动产业结构的合理演进。应当注意的是,产业结构政策的含义包含四个基本点:第一,政府制定产业结构政策的主体;第二,企业是产业结构政策实施的主要对象;第三,实现产业结构的优化、升级是国家制定产业结构政策的一个重要目的;第四,产业结构的演进规律是产业结构政策制定的理论依据。

(三)产业结构政策的分类

根据产业结构政策制定目标和具体实施措施的不同,可以将产业结构政策分为不同的类型,主要有:战略产业的扶植政策、主导产业的选择政策、衰退产业的撤让政策和产业的可持续发展政策等。应当明确的是,产业结构政策并不是一项单独的政策,而是由多种不同类型政策所组成的政策体系。

二、产业结构政策的作用

产业结构政策的作用主要是实现产业结构的顺利发展,提高国民经济总收入,具体来说,产业结构政策的作用主要表现在以下几方面。

(一)促进产业结构转换

所谓产业结构的转换指的是,依据产业结构演进的规律,实现产业结构从低级向高级逐渐演进的过程。产业结构的转换并不是简单实现的,其需要依靠政府干预力量和市场力量的共同作用才能完成。但原有的市场需求发生改变时,所产生的价格信号就会主动带领优势资源在各个产业中进行流转,这样就可以规律性地实现优胜劣汰,即传统产业逐渐衰退,新兴产业迅速发展壮大,从而实现产业结构的转换。这是市场自发调节的结果。

但需要注意的是,虽然依靠市场的力量,通过市场的自发调节就可以实现产业结构的转换,但是这种转换的速度有时候是极为缓慢的,因为产业结构对市场需求的变化的反应具有一定的滞后性。除此之外,由于市场机制的不完善,市场中存在很多垄断、技术和资本壁垒,这样就会阻碍市场机制的自发调节,更延缓了产业结构的转换。在这种情况下,政府的力量就应该介入市场,从而加快产业结构转换的速度。政府可以指定并实施一些保护和调整等方面的措施,从而减少产业转换所需时间。在产业结构的演进过程中,产业结构政策发挥出了不可替代的作用,其不仅可以加快实现产业结构的转换,同时还可以实现产业结构高度化的升级,拉动国民经济的增长。

产业政策可以从宏观上、方向上对一国的产业和经济的发展进行指导并且还可以体现出一个国家的政府在中长期的经济发展规划中所要进行的经济建设的战略计划,是财政政策、货币政策等政策制定的依据,在一定时期内会成为国家配置资源的重点方向。

(二)促进产业协调发展

当一个国家的经济发展到一定的时期之后,各产业之间就会呈现出不同的发展状况,展现出不同的作用,因此在国民经济中就会处于不同的地位,在这种情况下就会自然形成产业间的有序排列组合。

一个国家或地区所形成的产业结构具有明显的层次性,其可以从以下几方面体现出来。

从横向方面来看,处于同一等级的产业中,有一般产业和重点产业之分;从纵向方面来看,产业还可以分为主导产业、支柱产业和基础产业,此外还可以分为新兴产业和传统产业两部分。存在多类型、多层次现象的产业结构中,存在着极为复杂的经济技术联系,只有保持他们之间的相互协调性,保持恰当的存在比例,才有助于实现产业经济的持续发展。在此过程中,产业政策充当着极为重要的角色,其负责对产业之间的关系进行协调,保证产业的顺利发展。根据产业所处的不同地位、作用和实际发展情况,政府在实施产业政策的过程中,应分清轻重缓急,对那些新兴的、具有旺盛生命力的,并且还会在未来成为主导产业的企业进行大力的扶持,弥补基础产业的薄弱环节。而对于那些处于衰退时期的产业来说,则要当机立断,及时将其撤除市场,从而为其他产业的发展提供更多的优势资源。政府通过对不同的产业实施不同的产业政策,来促使不同层次的产业能够实现协调发展。

(三)引导资源配置结构合理化

一般来说,产业结构之间出现的差别主要是体现在劳动力、资本、技术等资源的不同配置上。市场中资源的合理配置可以通过市场的自发调节来完成,由于各产业间所获得的利润各有不同,因此通过价格机制的作用,市场就会自动对资源进行优化配置。但需要注意的是,当前我国的市场经济还不够完善,因此在市场中还存在多种产业弊端,如垄断、外在因素、信息不对称等,这些都会导致市场丧失自动配置资源的作用。在这种情况下,如果只是通过市场的作用实现资源的合理配置是极为缓慢的,因此这时就需要政府通过宏观的手段制定产业政策来促使资源实现快速合理配置。

在发展中国家中,产业政策对于促进资源的合理化配置所起到的作用最为明显。由于当前世界经济基本上处于开放的状态,因此在国际产业分工格局基本已经形成的情况下,经济基础较为薄弱的发展中国家想要超过这个目标就会极为困难。因此,为了赶超目标,一般发展中国家就会制定出多项产业政策,以加快实现产业结构的优化,促进资源合理配置的实现。

(四)推动产业技术水平提高

政府所指定的产业结构政策,在推动高新技术产业发展的方面有明显的侧重,希望可以通过对高新技术的利用来对传统产业进行改造,这就有利于提高企业生产的集约化程度,推动劳动密集型产业向技术密集型产业的转变,促进产业结构高度化的实现。此外,通过对高新技术产业的大力普及,推动产业技术的进步,还可以带动国内各项产业的生产技术发展。

三、产业结构高度化与产业成长政策

(一)产业结构高度化政策

政府推行产业政策的一个重要目标是实现产业结构的高度化,这同时也是产业结构政策的一项重要内容。从整体经济发展水平上来看,发展中国家和发达国家之间存在很大的差距,因此二者在制定产业结构高度化政策的目标时也存在较大的差异。对于发展中国家来说,其制定产业结构政策高度化的目标是,加快实现产业结构的演变,加强对基础产业的支持和改造,加大对支柱产业和战略产业的扶持力度。而对于发达国家来说,由于其经济基础已经极为雄厚,因此加快发展现代服务业和高新技术产业就成为政府制定产业结构政策的一项重要目的和任务。

(二)产业成长政策

推动产业结构实现向高级化的演变,是国家制定产业成长政策的一个重要目的。由于产业结构的演进是一个分阶段的有序过程,因此想要推动产业结构实现高级化的演进,只有在一国经济发展的特定历史条件下才可以实现。在这种情况下,明确该国家在当时所处的国际地位,理解国内外的经济环境就显得极为重要,这是对产业结构进行规划的出发点。

产业成长政策对于经济新增长点的形成、传统产业的技术改造和整个产业结构的演进,都起到了极为重要的作用。政府制定产业结构成长政策,就是为了创造更加良好的经济条件和环境,以此加快产业结构的转换,推动产业的向前发展。在明确了国内外的实际环境后,政府就可以在制定产业结构高度化目标的基础上来制定相关的成长政策,加大对各项产业的资金投入,促进资源优化配置的实现,推动产业经济的快速发展。

国家指定的产业成长政策包括多项内容,其中最为主要的是主导产业选择政策、战略产业扶植政策和幼稚产业保护政策等。

1. 主导产业政策

主导产业指的是,在国家的产业结构中发展速度较快,并且能够起到引导作用,为国家经济的增长能够做出巨大贡献的产业。

针对主导产业所制定的保护和扶植政策,可以分为对内和对外两个部分。

(1)对内政策

对主导产业所指定的对内政策,主要指的是对主导产业中的重点产业实行多种优惠政策,例如在财政方面对其实行贴息、减免税、特别折旧等政策,同时将其列为重点投资项目;在经济法规方面,可以制定特殊产业的振兴与保护法规等;在金融政策方面,可以实行低息贷款、政府保证金、特别产业开发基金等措施;在贸易保护方面,可以对其实行出口补贴和外汇控制等措施。

(2)对外政策

对主导产业所制定的对外政策,主要是对本国的产业结构进行某种程度的贸易保护。国家对主导产业所制定的对外政策,主要目的是,在发展对外贸易的过程中,要注重培养本国的优势产业部门,防止国际分工格局对本国经济结构的发展带来不利的影响,避免本国资源出现浪费的现象。例如,在对本国能够自行生产的产品进行进口,或是在对本国生产的初级产品进行出口时,就可以制定高关税壁垒政策,保护本国产业的发展。在国家所指定的所有的贸易保护政策中,高关税壁垒政策是较为常见的一种。随着世界经济一体化以及贸易自由化的进一步发展,高关税保护政策已经不再适用于当前的国际贸易形势,因此,一些新的贸易保护政策如实行标准限制、质量商检限制及资金、技术的进出限制等政策已经出现,并将最终取代高关税保护政策。

2. 战略产业政策

战略产业指的是,在以后的产业结构中可以成为主导产业或是支柱产业的新兴产业。战略产业的扶植政策是着眼于未来的产业优势,直接服务于产业结构的高级化。但需要注意的是,并不是所有的新兴产业都会成为战略产业,其必须要符合三个条件。

(1)对科技创新成果的接受速度很快,并且还可以获得与新技术相关联的新的生产函数。

(2)在未来会获得巨大的需求量,市场潜力很大,并且在未来还可以实现持续性的快速增长。

(3)战略产业并不是单独存在的,其与其他的产业之间具有紧密的联系,并且还可以带动相关产业的进一步发展。

3. 幼稚产业政策

幼稚产业指的是,与工业先行国家成熟的同行产业相比较,还处于"幼小稚嫩"的阶段,缺乏竞争力和市场关联的产业,通常是由工业后发国家建立起来的。从长期发展来看,幼稚产业的特点主要表现在收入弹性大、技术进步快、劳动生产率提高快等。但是如果从近期来看,其并不具有明显的优势,因此这就需要政府为其制定专门的扶植政策,以此尽快将该产业所具有的劣势转化为优势。从这个角度上来说,对幼稚产业的扶持充分反映了政府产业政策的先行性特征。

(三)产业成长政策的具体措施

由于各国经济发展的实际情况都有各自的特点,因此各国在制定产业成长政策时,所采取的具体的措施也是各不相同的,但通常都会分为扶植性措施和保护性措施两类。例如,日本推行的扶植性措施包括财政投资(优先为战略产业建设公共基础设施)、倾斜减税、倾斜金融和行政指导等;保护性措施有贸易保护政策、高关税壁垒、进口数量配额限制、外汇分配制度等。具体来说,主要包含有几种措施,如表4-7所示。

表 4-7　产业成长政策的具体措施

产业成长政策	具体措施
制定并颁布发展重点产业的战略和法规	以立法的形式,确立优先发展重点产业的法律地位,使其享受到在财政、税收、管理等方面的优惠条件
在税收方面给予多种优惠	除了在税收方面可以优惠外,如对机械设备特别折旧,还允许从中提取各种准备金,如呆账准备金等
政策性金融	政府鼓励商业银行给予需扶持的重点产业以低息贷款
鼓励国内企业引进先进的高新技术	引进的技术与国内的重点产业相结合,调整其不合理的地方,使先进技术在消化以后得到充分的吸收

由于发达国家的经济发展速度较快,因此积累了很多的经验教训,这就为别的国家的经济发展提供了很多宝贵的经验。例如,发展中国家想要制定科学的产业成长政策,就必须要注意两点内容:第一,国家所制定的政策必须要符合经济规律各项原则,充分发挥企业的活力与研究开发的自主性,同时还要充分发挥市场的调节机制,实现资源的合理配置,此外,相关的专业结构还应做好对公共资金使用的监督,防止出现浪费或是腐败的现象;第二,要及时掌握并了解高新技术产业的变化,及时对战略产业定位的偏差进行修正,以此减少选择性失误的出现。

四、衰退产业的调整

(一)衰退产业出现的原因

衰退产业指的是,在国民经济的产业结构中,由于非主观原因陷入停滞甚至是萎缩的产业。对产业结构内部出现的衰退产业,国家通常会专门为其制定相应的调整和援助政策,其主要目的是促进衰退产业能实现有秩序地收缩,促使由于产业衰退所剩余的资源可以顺利地流向其他主导产业之中,从而提高资源的利用率,实现资源的优化配置。

一般来说,衰退产业产生的原因有如下几方面,如表4-8所示。

表4-8 衰退产业出现的原因

衰退产业出现的原因	具体内容
需求变化原因	随着经济发展和人均收入水平的提高,某些产业会因产品需求弹性趋于下降而出现衰退
技术原因	新科技、新产品的出现,使得一些传统产业失去市场和竞争力,出现衰退
资源原因	如资源密集型产业的资源枯竭引起的产业衰退
体制原因	由市场体系不完善,市场机制不健全,企业制度落后,所造成的过度竞争,导致某些产业过早出现衰退现象
效率原因	在长期经济发展过程中,各种投入要素的成本上升率会产生差异,当某种投入要素的成本上升率特别高时,需大量投入该要素的产业,会因成本上升、利润下降而出现衰退
国际竞争原因	由于国际分工格局的变化,某种有比较优势的产业会因竞争优势丧失并转移到其他国家,而使本国原来具有比较优势的产业趋于衰退

（二）衰退产业调整的政策措施

1. 消除资本退出障碍

（1）国家通过制定法律法规的形式,对产业设备的报废时间和数量进行详细的规定,以此来加速固定资产的折旧。

（2）通过立法的形式,勒令某些企业停止生产或是缩短工时,以此来实现资本的转移,提高资本的使用效率。

（3）通过提供转产贷款、减免税和发放转产补贴等办法,促进衰退产业的资本实现顺利转移。

2. 消除就业者退出障碍

（1）扩大就业者的信息渠道,为就业者提供就业指导、职工介绍等就业信息。

第四章　产业结构理论研究

(2)对就业者专门进行知识和技能培训,提高就业者的素质和综合工作能力。

(3)鼓励企业接受或是录用衰退企业失业人员,并发放一定的补贴。

3. 衰退产业的援助措施

应当明确的是,对衰退产业制定援助政策的目的并不是要维持这些衰退产业的继续生产,而是要帮助它们进行有序的收缩和撤让,降低在产业结构进行调整的过程中出现摩擦和矛盾的几率。

4. 减轻资本要素转移矛盾措施

在对衰退产业进行调整的过程中,还要注意减轻对资本要素转移的矛盾,其常用的措施主要有以下三项。

(1)对于衰退产业中出现的产量和利润都急剧下降的情况,政府可以通过订货和价格补贴等方式来进行缓解。

(2)政府可以用提高关税和非关税壁垒的方式对进口产品进行限制,从而在一定程度上对衰退产业的调整进行保护。

(3)对于那些虽然已经处于衰退的情况,但是产业内部的某些项目还具有一定的生产能力和竞争能力的产业来说,政府可以通过发放生产补贴来保护和援助剩余生产项目和生产能力向其他产业的转移。

5. 减轻劳动力要素转移矛盾措施

政府在对衰退产业进行调整的过程中,还要注意减轻对劳动力要素转移的矛盾,具体措施主要有以下两个。

(1)对于从衰退产业退出的工人,应该对其工资进行一定的补贴,或是从别的方面对其进行某种方式的补助。

(2)适当延长对衰退产业工人的失业救济以及就业保险金补助。

第五章　产业关联及布局理论研究

　　产业关联与产业布局可以说都是产业经济学的核心内容之一。从产业的自然发展来看,产业关联和产业布局都是可以自然发生的,是市场经济运行的自然结果。然而,从我国社会主义建设的需要角度上说,进行产业关联与产业布局的研究,对推动社会主义建设有重要的意义。

第一节　产业关联内涵及分析方法

一、产业关联的概念

　　产业关联是指在国民经济中,各产业之间因产品供需关系而形成的广泛而又复杂的技术经济联系。在供需关系上,除最终消费品外,一个行业的产出都会成为另一个行业的投入;在技术手段上,一个行业生产的产品为另外一个行业提供了相当层次的生产手段,从而推动了其技术进步。产业关联正是这种错综复杂的关系,整个国民经济体系才能得以顺利有效地向前推进。反之,若产业单独运行,产出和投入不能连接起来,产业必定不能长期生存下去。因此,可以说,产业关联的实质是各产业之间的投入与产出关系。

二、产业关联的方式

　　各产业之间的联系方式可以从不同方面进行分类。根据分类标准的不同,可以分为以下几种类型。

(一)按产业间联系的纽带不同分类

1. 产品或劳务联系

这是产业关联的最基本方式。从国民经济的全局来看,各个产业并不是单独地运行,而是通过产品和劳务构建了一个复杂国民经济运行网络。以工业为例,工业自身就存在复杂的联系。钢铁工业生产的钢材是汽车产业、门窗产业、灯具产业以及其他产业生产的重要原料来源。曾有人认为,国家综合实力如何,钢铁产业的实力是一个重要指标。从三大产业之间的关系看,工业和农业与服务业都有紧密联系。工业为农业和服务业创造了进行生产和提供劳务的基本工具。农业生产的汽车要通过汽车工业进行生产,所要用的锄头和铁锹则要通过基本的农用工业来生产。服务业所需要的计算机以及其他设备都需要工业进行生产。同样农业和服务业也为工业生产提供了重要生产资料来源。经济的运行就是依靠这些行业之间的有效联系。一家企业生产的产品要有上一家企业合格的产品作为原料才能顺利开展,要能够成为下一家企业的合格原料才能顺利实现销售。只有这样,这家企业才能顺利地在残酷的市场竞争中生存。

2. 生产技术联系

技术是实现产业结构变动最活跃、最积极的因素。在生产过程中,一些产业部门为其下游产业部门提供的机器设备、产品零部件、原材料以及其他生产要素的基本标准就是技术。一个产业部门技术水平的进步能够通过产业间的联系实现整个产业的技术进步,从而推动整个产业的结构变动。因此,对于整个产业来说,技术引导着上下游企业的供求结构。

3. 价格联系

产业间的产品或劳务联系的表现形式使一些产业部门提供

产品或者劳务,另一些产业部门需求这些产品或者劳务。提供与需求之间的表现关系即为两者之间的等价交换,也就是以货币为媒介的物质交换。各种商品、服务和生产要素的价格相互关系而形成一个有机的整体,体现了产业之间各种价格相互联系、相互制约的内在关系,反映了现代市场经济条件下产业之间价值交换关系。一个行业价格的供给情况会反映在下游行业之中,还会通过下游行业反映到整个国民经济体系之中。

4. 劳动就业联系

一段时间以内,一个地区的劳动人口供给总量是确定的。因此各产业间的劳动就业关系必然存在紧密联系。一个产业劳动力数量增加的同时,另一个行业的劳动力数量就必然要减少。当然还有另外一种联系,各产业之间因为存在产品和劳务联系,一个行业的衰退,就业机会减少,需求的产品或劳务降低,必然会导致另外一个行业的就业机会同样减少。

5. 投资联系

投资联系是指一个企业的直接投资拉动了其他产业的大量投资。企业有了投资,必然就会有劳务和产品需求,相应地就会带动其他产业的投资。从宏观经济学的角度看,投资和消费是拉动经济发展的两驾马车,其基本原因也就在于产业投资的实现需要各个产业的紧密配合,从而拉动了国民经济的发展。

从本质上看,产业间的上述几种联系是建立在产业的产品或劳务联系之上的。只有确定产品或者劳务的需求,一个产业才能不断发展壮大,生产技术才会不断提升,就业机会和投资数量才会不断增加。

(二)按产业间供给与需求的关系不同分类

供给与需求的关系是产业经济学发展的最基本关系。在不同的产业当中,各个产业有不同的供给需求关系,依据这种差异,可将产业间的关系方式进行不同的分类。

1. 前向关联联系

前向关联是指产业对其他产业提供产品或劳务发生的关系,是一种供给关系。对甲、乙两个企业来说,乙企业生产的产品供给向甲企业,对乙企业来说,这就是一种前向关联关系。如对于钢铁业和汽车制造业两个产业,由于钢铁业为汽车制造业提供原材料,所以汽车制造业是钢铁业的前向关联产业,通常也称汽车制造业是钢铁业的下游产业。

2. 后向关联联系

与前向关联相对,后向关联是一种需求关系。在甲、乙企业的关联之中,对甲企业而言,两个企业之间的关联关系就是一种后向关联。再拿钢铁产业与汽车产业之间进行例证,由于汽车制造业在生产过程中需要钢铁业提供原材料,所以钢铁业是汽车业的后向关联产业,通常也称钢铁业是汽车制造业的上游产业。

3. 环向关联联系

环向关联联系是经济活动中各产业依据前、后向的关联关系组成的"环"形产业链。如煤炭采掘业—钢铁冶炼业—采矿设备制造业—煤炭采掘业等,通过煤炭采掘业的前、后项关联,形成了一个环向产业链。

(三)按产业间联系的紧密程度不同分类

一些产业之间虽然存在一定的联系,但不同产业间联系的紧密程度是不同的。因此,可以根据产业间联系的紧密程度不同进行分类。

1. 直接联系

直接联系是指两个产业部门存在直接的产品、劳务或技术的联系。具有直接联系关系的产业有很多,例如房地产行业与建材行业、钢铁行业与汽车产业等。

2. 间接联系

间接联系是指两个产业部门本身不发生直接的生产技术联系,而是通过其他一系列产业部门的中介才发生联系。例如,煤炭行业和家电行业之间并无直接联系,但它们实际上仍有一定的联系,这种联系过程是:煤炭行业生产的煤炭用于发电,家电行业的生产过程需要消耗电力,同时家电产品的使用也需要消费电力。因此,煤炭行业和家电行业之间的联系通过电力行业得以实现,这就是产业间的间接联系。

除了上述几种划分方法之外,产业关联的划分还存在许多其他方法,例如单项关联与多项关联。所谓单项关联是指上游产业与下游产业之间仅因为一种产品或者劳务而发生的联系;多项关联则是发生在多个产品或者劳务的基础上。随着市场经济体系的不断发展和社会的进步,单项关联已经不多见,产业间的多项关联已经成为一种主流。

三、产业关联的分析方法

(一)投入产出表法

投入产出表是联合国普及推广的 SNA 体系的一种,其具体工具则是矩阵。通过矩阵,投入产出表把一定时期内(通常是一年)国民经济各产业的投入与产出联系起来。

1. 投入产出表的形式

(1)实物型投入产出表

实物型投入产出表是以具体的产品为对象对产业的投入与产出分析的一种方法。实物型投入产出表法能够反映出产品生产过程中具体中间产品的投入与实际产出间的联系和比例关系。

一般而言,任一产品在生产过程中都需要投入其他产业的产品,同时也可以作为其他产业的投入产出物。表5-1表示了在一定时期内产业间的这种投入产出关系。

表5-1 实物型投入产出表

投入\产品	中间产品					最终产品		总产品
	产业1	产业2	...	产业n	小计	积累消费净出口	小计	
产业1	X_{11}	X_{12}	...	X_{1n}	$\sum_{i=1}^{n} X_{1i}$		Y_1	X_1
产业2	X_{21}	X_{22}	...	X_{2n}	$\sum_{i=1}^{n} X_{2i}$		Y_2	X_2
......	...	...	...	...	...	...	...	...
产业n	X_{n1}	X_{n2}	...	X_{nn}	$\sum_{i=1}^{n} X_{ni}$		Y_n	X_n

观察投入产出表可以分为两个步骤,第一步从横向上看,每一行的数字表示该产业生产的产品投向了哪些产业,满足了各产业哪些需求;第二步从纵向上来看,每一列数字表示该产业生产过程中需要多少其他行业的产品。由于产出单位不同,实物型投入产出表的数字不能进行简单相加。

表5-2 实物性投入产出表

	农业	制造业	居民	总产出
农业	25	20	55	100蒲式耳小麦
制造业	14	6	30	50码布
居民	80	180	140	300劳动人/年

实物型投入产出表描述了各产业间的生产技术关系,计量值主要受生产技术水平的影响,不受价格波动的影响。因此,实物型产出表反映了社会生产力水平,是产业经济发展的重要基础。在实际产业经济分析过程中,实物型产出表的分析要和下面讨论的价值型投入产出表联系起来,从而反映出各产业间紧张的供需关系。

(2)价值型投入产出表

在实物型投入产出表的基础上,价值型投入产出表增加了价值的因素,并用货币计量了产业的中间产品价值、最终产品价值、毛附加值以及总产值,如表 5-3 所示。

表 5-3　价值型投入产出表

投入＼产品	中间产品				最终产品		总产品
	产业1	产业2	…	产业n		小计	
物质消耗	产业 1	X_{11}	X_{12}	…	X_{1n}	Y_1	X_1
	产业 2	X_{21}	X_{22}	…	X_{2n}	Y_2	X_2
	……	…	…	…	…	…	…
	产业 n	X_{n1}	X_{n2}		X_{nn}	Y_n	X_n
毛附加值	折旧	D_1	D_2	…	D_n		
	劳动报酬	V_1	V_2	…	V_n		
	社会纯收入	M_1	M_2	…	M_n		

表 5-3 中,第一、第二部分是与实物型表相对应的,是实物与价值的综合反映。在左下方增加的第三部分则是对实物价值构成的分析,涵盖了折旧、劳动报酬和社会纯收入三个方面,反映了每个产业的毛附加值构成情况。

表 5-4 价值型投入产出表

	农业	制造业	居民	总产出
农业	50	40	110	200
制造业	70	30	150	250
居民	80	180	140	300
总投入	200	250	300	

2. 投入产出表结构

投入产出表的结构大致可以用图 5-1 表示。

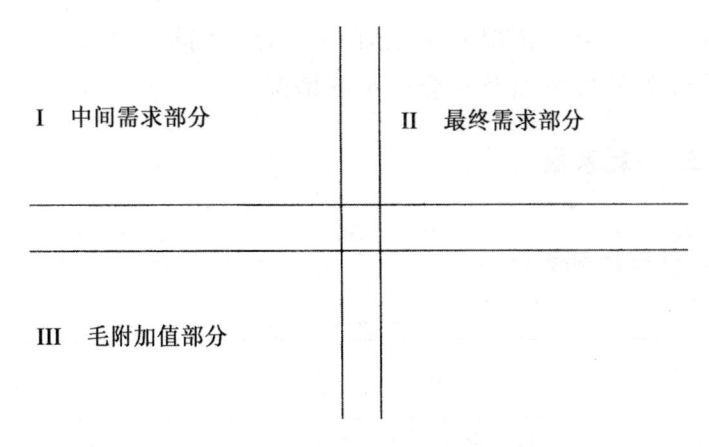

I 中间需求部分	II 最终需求部分
III 毛附加值部分	

图 5-1 投入产出表的结构示意图

(1) 中间需求部分

中间需求部分也可以称为内生部分,在投入产出表中,是核心部分。中间需求或中间产品是指那些在本期生产同时被消耗的部分,反映了在一定时期内一个地区的各产业之间的依存和交易关系。这一部分的横向数据表示某一产业向国民经济系统提供的中间产品情况,纵向数据则表示某一产业向该产业的中间产品投入情况。

(2) 最终需求部分

最终需求部分是针对消费者的部分,也可称之为"外生部分"。最终需求部分在本期生产而不再进行加工。最终需求部分表明了国民经济能否向消费者供给充足产品的能力。最终需求部分的流向大概可以分为三个：一是消费部分，包括个人消费和公共消费，前者是家庭消费的总和，后者则是政府通过社会调解向社会提供政府供给的总和，包括公共福利、社会保障和政府为维持运营而需要的支出；二是投资部分，包括企业固定资产更新和企业为下一期投入而增加的库存，包括生产性固定资产和非生产性固定资产；三是出口部分。

（3）毛附加价值部分

因为毛附加值部分是在企业生产过程中固定资产的合理消耗，因此毛附加值部分也应计为"外生部分"，反映了各产业的折旧与创造新价值的情况。毛附加值部分中创造新价值的情况反映了劳动者的报酬以及社会进步的情况。

（二）消耗系数法

1. 直接消耗系数

直接消耗系数是指某一产业为生产一单位产品所直接需求的其他产业产品的量。如果用 a_{ij} 表示第 j 产业产品对第 i 产业产品的直接消耗系数，即生产单位 j 产业产品所需求的 i 产业产品的数量，那么有 $a_{ij} = X_{ij} / X_j$。

从实物型投入产出表中可以确定一个产业的实物直接消耗系数；从价值型投入产出表中可以确定一个产业的价值型投入产出系数。从表 5-2 和表 5-4 中的数据，可以顺次计算出两种直接消耗系数，见表 5-5、表 5-6。

表 5-5 实物型直接消耗系数矩阵

	农业	制造业	居民
农业	0.25	0.4	0.183 3
制造业	0.14	1.2	0.1
居民	0.80	3.6	0.467

表 5-6　价值型直接消耗系数矩阵

	农业	制造业	居民
农业	0.25	0.16	0.367
制造业	0.35	0.12	0.5
居民	0.4	0.72	0.133

由于价值型投入产出表增加了毛附加值部分,与实物型投入产出表存在明显地不同。表 5-5、表 5-6 只是提供了一个简单方法,借助于这样的方法,人们可以计算出各产业单位产品的消耗系数矩阵。

2. 完全消耗系数

直接消耗系数表明了两个产业间产品的直接消耗关系。但是由于产业间的生产不仅有直接的投入产出关系,还存在间接的投入产出关系,这一点在前文已经讨论过。因此,计算一个产品的生产不仅要计算直接消耗系数,还要计算完全消耗系数。

根据以上的讨论,我们可以得出完全消耗系数的计算方法,即直接消耗系数与全部间接消耗系数的综合。若以 b_{ij} 来表示 j 产业产品对 i 产业产品的完全消耗系数。用公式表示:

$$b_{ij} = a_{ij} + \sum_{k=1}^{n} b_{ik} a_{kj} \qquad (5-1)$$

以汽车产业对电力的消耗为例来说明式 5-1。汽车产业与电力产业之间既存在直接生产联系还存在间接生产联系。若直接运用公式 5-1 来进行计算的话,不仅会有大量的工作,而且还有可能做到无法完全估计,为避免这一麻烦,可以采用数学中的方程思想。根据这一设想,计算汽车生产对电力的完全消耗系数可以简单分为以下几步:第一步,假定所有产业对电力的完全消耗系数 $b_{ik}(i=1,2\cdots,n)$ 已知;第二步,计算出汽车生产对所有产业的直接消耗系数 $a_{kj}(k=1,2\cdots,n)$,如汽车生产对某个产业没有直接消耗,则汽车生产对该产业的直接消耗系数为零;第三步,计算出汽车生产通过直接消耗每个产业的产品而形成的对电力的全部间接消耗系数 $b_{ik}a_{kj}(k=1,2\cdots,n)$,并把它们加总;第四步,计算出汽车生产对电力的完全消耗系数 b_{ij}。

一般地说,(5-1)式对所有产业都是适用的。(5-1)式可以用矩阵形式表示:

$$B=A+BA$$
$$B-BA=A$$
$$B(I-A)=A \tag{5-2}$$

如果 $(I-A)^{-1}$ 存在,那么(5-2)式两边右乘

$$\begin{aligned}B &= A(I-A)^{-1}\\ &=[I-(I-A)](I-A)^{-1}\\ &=(I-A)^{-1}-I\end{aligned} \tag{5-3}$$

(三)逆阵系数表

所谓逆阵,是指里昂惕夫矩阵 $(I-A)$ 的逆阵 $(I-A)^{-1}$。逆阵系数表就是指具体 $(I-A)^{-1}$ 的矩阵。

$$(I-A)^{-1}=\begin{bmatrix}A_{11} & A_{12} & \cdots & A_{1n}\\ A_{21} & A_{22} & \cdots & A_{2n}\\ \vdots & \vdots & \ddots & \vdots\\ A_{n1} & A_{n2} & \cdots & A_{nn}\end{bmatrix}$$

逆阵系数表的系数就是 $(I-A)^{-1}$ 中的每个元素,经济学含义是当产业之中的一个单位发生变化时,直接或者间接导致其他产业变动水平的总体情况。

第二节 投入、产出分析的主要内容及应用

投入产出分析是产业关联分析的主要内容,前文主要研究了投入产出分析的梗概,这里将作详细介绍。投入产出分析的内容一般来说主要有结构分析、波及效果分析两大部分。

一、投入产出分析的主要内容

（一）结构分析

1. 投入结构和产出结构

（1）投入结构

投入结构一般用"投入系数"a_{ij}（"直接消耗系数"）来衡量。投入系数是分析该产业产品增长时其他产业产品增长情况的量化数据。投入系数可以作为判定现存各产业部门结构是否合理的依据，为产业政策和产业发展研究提供了决策基础。因此，投入系数的变动反映了各产业在现有技术经济水平下结构是否合理，同时也是衡量产业联系广度的重要数据。

（2）产出结构

分配系数是衡量各产业部门产品产出结构的依据，其计算公式为：

$$d_{ij} = X_{ij}/X_i (i=1,2\cdots,n)$$

d_{ij}——分配系数；

X_{ij}——第 j 部门购入第 i 部门的产品量。

分配系数反映了产业部门的产品流向，反映出产业部门的发展与其他产业部门之间的有效联系。

2. 中间需求率和中间投入率

中间需求率和中间投入率是反映各产业部门间相互联系、相互依存的两个指标。

（1）中间需求率

产业产品的中间需求率反映了产业产品在各产业中间投入过程中的需求之和与整个国民经济对该产业部门产品总需求间的比率，其计算公式为：

$$L_i = \sum_{j=1}^{n} x_{ij}/(X_i + Y_i)(i = 1,2,\cdots,n)$$

从中间需求率出发,可以非常精确地计算出各产业部门产品分配至生产与消费的不同比率,从而精确把握各产业部门国民经济体系中的发展状况。一般来说,中间需求率较高的产业往往具备一定的原材料产业性质。相应地,最终需求率＝1－中间需求率。一个产业最终需求率情况则决定了该产业是否接近最终消费产品。

(2)中间投入率

中间投入率是指一产业在一定阶段内(通常为一年),生产产品的中间投入之和与生产过程全部投入的比例,其计算公式为:

$$L_i = \sum_{j=1}^{n} x_{ij}/(X_j + D_j + N_j)(i = 1,2,\cdots,n)$$

中间投入率反映了生产单位产值产品需要从其他产业购进产品占总投入的比重。相应地,附加价值率＝1－中间投入率(把折旧作为中间投入)。因此,如果一个产业有较高的中间投入率,其附加价值率就相对较低。

(3)中间需求率和中间投入率在产业关联分析中的作用

第一,可较准确地确定按不同的中间需求率和中间投入率划分不同产业群在国民经济中的不同地位。钱纳里等根据各产业的中间需求率和中间投入率的差异作了如下归类:Ⅰ、Ⅱ、Ⅲ是物质生产部门,Ⅰ、Ⅱ是中间产品物质生产部门,为Ⅲ服务;Ⅰ是第一次产业,Ⅱ、Ⅲ为第二次产业,Ⅳ为第三次产业(表5-7)。

表5-7　按中间需求率和中间投入率大小划分的不同产业

	中间需求率 L_i 小	中间投入率 L_i 大
中间投入率 L_j 大	Ⅲ最终需求型产业 日用杂货、造船、皮革及皮革制品、食品加工、粮食加工、运输设备、机械、木材、木材加工、非金属矿物制品、其他制造业	Ⅱ中间产品型产业 钢铁、纸及纸制品、石油产品、有色金属冶炼、化学煤炭加工、橡胶制品、纺织、印刷及出版
中间投入率 L_j 小	Ⅳ最终需求型基础产业 渔业、运输、商业、服务业	Ⅰ中间产品型基础产业 农业、林业、煤炭、金属采矿、石油及天然气、非金属采矿、电力

第二,可较清楚地显示各产业间相互联系、相互依存的不同程度。

通过整理中间需求率和中间投入率,将其从大到下以此排列,即可看出各产业的中间需求率关系。

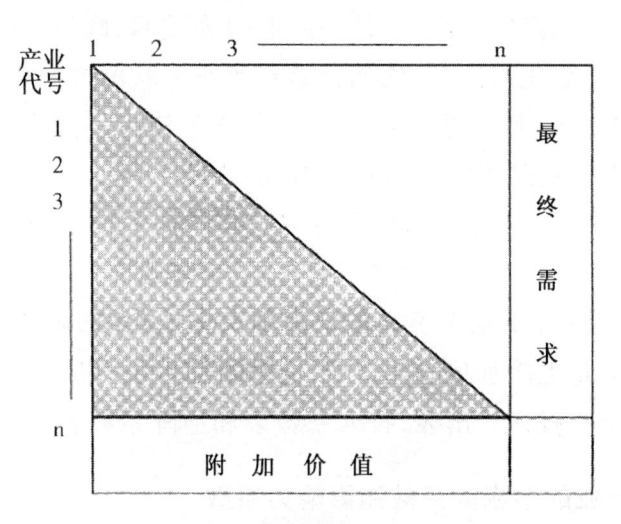

图 5-2 三角形配置投入产出表

如果所有产业的产业关联都是单向的,排列后顺序上的数字则将仅出现在图中的阴影三角以内。这种情况的经济含义是:产业 1 的 $L_i=0, L_j=1$,其全部产品都将成为最终产品,同时也将从其他产业购进中间产品进行生产;产业 2 只有产业 1 对其有中间需求,同时它要从除产业 1 以外的所有产业购进中间产品。以下如此类推。三角形底部的产业 n 的 $L_i=1, L_j=0$,其产品全部都是中间产品,同时无需从其他产业购进任何中间产品,这种类型的产业一般被称为基础产业。

如果产业间的联系并非单向的,那么上述三角形之中以上的内容也将出现产业间的流量。国外研究表明,产业间多项循环之间的联结交易量占全部交易量的比重很低,例如意大利为 4.3%,挪威为 8.8%,日本为 11.6%,美国为 12.7%。

(二)波及效果分析

波及效果分析是一种动态分析,是指在特定产业关联状态下,某一产业的变化如何影响到其他产业的发展。

在国民经济体系内,当某一产业因为技术、政治、社会或者其他原因发生变化以后,变化就会沿着产业关联的方向引起其他产业部门的变化,并且逐渐影响到更多产业部门。当然,在这一过程中,产业变动的影响力将逐渐减弱。

一般来说,产业波及的源头按照影响的方向可以分为两类,一类是最终需求产生的波及,最终需求率较高的产业部门最先受到影响,并沿着供求关系的产业关联方向顺次影响其他产业部门,另一类是毛附加值发生变化。对波及效果分析的工具主要有三类,分别是投入产出表、投入系数表和逆阵系数表。

1. 产业的感应度系数和影响力系数

任何一个产业的经济活动都是通过产业间的相互关联实现的。其经济活动对其他产业造成的波及对其他产业造成的影响叫做影响力,把受其他产业影响的程度叫做感应度。

$$某产业的感应度系数 = \frac{该产业逆矩阵横行系数的平均值}{全部产业逆矩阵横行系数平均值的平均}$$

$$某产业的影响力系数 = \frac{该产业逆矩阵纵列系数的平均值}{全部产业逆矩阵纵列系数平均值的平均}$$

如果用 e_i 表示第 i 产业的感应度系数;e_j 表示第 j 产业的影响力系数;n 为产业数目;C_{ij} 为里昂惕夫逆阵 $(I-A)^{-1}$ 中的元素 $(i,j=1,2\cdots,n)$。

那么,上述公式可表示为以下形式:

$$e_i = \frac{\frac{1}{n}\sum_{i=1}^{n} c_{ij}}{\frac{1}{n}\sum_{j=1}^{n}(\frac{1}{n}\sum_{i=1}^{n} c_{ij})} = \frac{\sum_{i=1}^{n} c_{ij}}{\frac{1}{n^2}\sum_{j=1}^{n}\sum_{i=1}^{n} c_{ij}}$$

$$e_j = \frac{\frac{1}{n}\sum_{j=1}^{n}c_{ij}}{\frac{1}{n}\sum_{i=1}^{n}(\frac{1}{n}\sum_{j=1}^{n}c_{ij})} = \frac{\sum_{j=1}^{n}c_{ij}}{\frac{1}{n^2}\sum_{i=1}^{n}\sum_{j=1}^{n}c_{ij}}$$

由这两个等式可以看出,e_i、e_j的计算平均值为1,如果计算结果小于平均值,那么该产业的影响系数和感应度则处于全行业平均水平之下,说明对市场经济的影响力不够或者对市场的反应不够敏感,反之则具有经济带动力和市场经济的快速反应能力。

2. 产业的生产诱发系数与产业对最终需求的依赖度系数

产业的生产诱发系数和对最终需求的依赖度系数都是基于最终需求而言的。产业的诱发系数是指最终需求对产业产品生产的诱导作用程度,目的是揭示和认识一国最终需求对各个产业的作用力大小。生产的最终依赖度系数则是用来测量各产业部门生产的产品对最终需求的依赖程度大小。

根据方程组 $X=(I-A)^{-1}Y$,用矩阵里昂锡夫逆矩阵中所属的某一产业数值与最终需求列向量数值相乘,即可得出产业最终需求项目的诱发产业生产额,即最终需求诱发产值额。

$$X_i^s = \sum_{k=1}^{n}C_{ik}Y_k^s \; (i=1,2\cdots,n;S=1,2,3)$$

式中,X_i^s表示第i产业由S项最终需求所诱发的产值额;C_{ik}表示$(I-A)^{-1}$矩阵中的元素;Y_k^s表示第i产业第S项最终需求额;$S=1、2、3$分别代表投资、消费、净出口三个最终需求项目。在计算出产业最终需求项目诱发产值额以后,用所得数值除以该产业的所有最终需求项目的合计数便可得到各产业的最终需求项目的生产诱发系数。

$$W_i^s = \frac{\sum_{k=1}^{n}C_{ik}Y_k^s}{\sum_{k=1}^{n}Y_k^s}$$

式中,W_i^s表示第i产业第S种最终需求的生产诱发系数;表

示 $\sum_{k=1}^{n} Y_k^s$ 各产业第 S 种最终需求的合计数。

在计算依赖度系数时,该产业的生产诱发产值额除以相应产业的总产值,即可得到该产业对最终需求的依赖度系数。

$$Z_i^s = \frac{\sum_{k=1}^{n} C_{ik} Y_k^s}{X_i}$$

式中,Z_i^s 表示第 i 产业生产对第 S 种最终需求项目的依赖度系数;X_i 为第 i 产业的总产值。

二、投入产出分析的应用——动态投入产出分析

(一)动态投入产出表的基本结构

在动态投入产出表中,我们假定最终产品分为两部分:一是投资产品(I);二是最终净产品(S),又假定一个产业的投资合计 $\sum_{j=1}^{n}\sum_{i=1}^{n} I_{ij}$ 等于下一年该产业的新增生产能力,也就是下一年该产业的新增产量,用 $\triangle X_i$ 表示。

行方程为:$\sum_{j=1}^{n} X_{ij} + \sum_{j=1}^{n} I_{ij} + S_i = X_i$

根据资料,可以计算当年生产和投资需求的直接消耗系数 a_{ij} 和 b_{ij}:

$$a_{ij} = \frac{X_{ij}}{X_j} \quad b_{ij} = \frac{I_{ij}}{\triangle X_j}$$

把这两个系数引入行方程式,则有:

$$\sum_{j=1}^{n} a_{ij} X_j + \sum_{j=1}^{n} b_{ij} \triangle X_j + S_j = X_j$$

(二)动态投入产出分析的应用举例

动态投入产出分析可以在编制中长期计划中得到应用。下面通过一假设来说明具体应用方法。

表 5-8　用假设数字编制的动态投入产出表

投入＼产业		当年生产					投资		
		物质生产部门（不包括机器制造业和建筑业）	机器制造业	建筑业	流通部门	合计	物质生产部门（不包括机器制造业和建筑业）	机器制造业	建筑业
物质消耗 C	物质生产部门（不包括制造业和建筑业）	2 700	50	220	400	3 370	100	36	62
	机器制造业						32	7	2
	建筑业						176	36	8
	流通部门	400	8	30	200	638			
	合计	3 100	58	250	600	4 008	308	79	74
劳动报酬(V)		1 500	18	120	250	1 888			
纯收入(M)		1 100	24	30	150	1 304			
合计		5 700	100	400	1 000	7 200			
总计		5 700	100	400	1 000	7 200			

根据表 5-8 中数字，可以算出生产和投资的直接消耗（表 5-9）。

表 5-9　生产和投资直接消耗系数表

部门	当年生产				投资				
	物质生产部门（不包括机器在制造业和建筑业）	机器制造业	建筑业	流通部门	物质生产部门（不包括机器制造业和建筑业）	机器制造业	建筑业	流通部门	非生产部门
物质生产部门（不包括机器制造业和建筑业）	0.474	0.5	0.55	0.4	0.325	0.465	0.865	0.299	0.237
机器制造业	0	0	0	0	0.104	0.089	0.027	0.156	0.105
建筑业	0	0	0	0	0.571	0.455	0.108	0.545	0.658
流通部门	0.07	0.08	0.075	0.2	0	0	0	0	0

表 5-10 中数据为假设的五年经济发展速度指标,并假设各产业的 M/V 比例在五年间不变。

表 5-10　五年经济发展速度

计划项目	基期数字	年平均发展速度	五年发展速度	第五年计划数字
当年生产				
物质生产部门(不包括机器制造业和建筑业)	5 700	108	146.93	8 375.01
机器制造业	100	110	161.05	161.05
建筑业	400	107.5	143.58	574.32
流通部门	1 000	106	133.82	1 338.20
投资部门				
物质生产部门(不包括机器制造业和建筑业)	308	109	153.86	473.89
机器制造业	79	112	170.03	134.32
建筑业	74	106.9	139.53	103.25
流通部门	147	106.5	137.01	201.41
非生产部门	152	104	121.67	184.94

根据表 5-8 和表 5-9 中的数据可以编制出第五年的投入产出表(表 5-11),方法是:用表 5-9 中第五年的生产和投资数据分别乘以表 5-8 中的两个直接消耗系数,得到物质消耗和投资产品的数字。再从各产业的总产值中减去物质消耗,得到第五年新创造的价值,由于 M/V 不变(分别为 0.73,1.33,0.25,0.60),因此,可以分别算出各产业的 V 和 M。

表 5-11 第五年的动态投入产出表

投入 \ 产业		当年生产				
		物质生产部门（不包括机器制造业和建筑业）	机器制造业	建筑业	流通部门	合计
物质消耗 C	物质生产部门（不包括机器制造业和建筑业）	3 969.75	80.35	315.88	535.28	4 901.44
	机器制造业					
	建筑业					
	流通部门	586.25	12.88	43.07	267.64	909.84
	合计	4 556.0	93.41	358.95	802.92	5 811.28
新增价值	劳动报酬(V)	2 203.27	28.99	172.30	334.55	2 739.11
	纯收入(M)	1 615.74	38.65	43.07	200.73	1 898.19
	合计	3 819.01	67.64	215.37	535.28	4 637.30
总计		8 375.01	161.05	574.32	1 338.20	10 448.58

最终净产品的构成	基期数字（亿元）	第五年的计划数字（亿元）	增长速度(%)	
			五年	年平均
物质生产部门（不包机器制造业和建筑业）	2 050	3 064.94	149.51	8.4
机器制造业	20	46.19	230.95	18.2
流通部门	362	428.36	118.33	3.4
最终净产品合计	2 432	3 539.49	145.54	7.8

第三节 产业布局的内涵及影响因素

一、产业布局的含义

产业布局也可以称之为产业分布和产业配置，是指一个经济体内，产业部门在空间上和数量上的动态组合与分布，表明了一个经济体内经济的发展与运动规律。

  人类社会经济活动通常局限于一个地区。这个地区的条件往往决定了企业所需要的投入和能获得的产出。考虑到这两个因素,企业往往会选择条件最好的地区。随着社会发展的需要和科学技术的进步,条件一般甚至较差的地区也能相继获得发展,生产领域和产业部门的数量同时不断增加。在这个动态增加的过程中形成了整个地区的产业布局。

  产业布局学就是研究各国、各地区产业结构演变与产业局部发展的条件,研究各产业部门在布局上需要满足的特殊条件,以及这二者的最优组合形式。

二、产业布局的影响因素

（一）自然因素

  产业布局的自然影像因素包括自然条件和自然资源两个方面,是产业布局形成的物质基础和自然条件。

1. 土地资源、工业资源决定了农业生产、工业生产的布局

  一个地方的地理位置多半就决定了这个地方可以发展什么类型的产业。例如农业的发展适宜选在一个具有土地资源、气候资源、水资源与生物资源共同作用的地区,采掘业则适宜选取矿产资源丰富且具有一定水平水资源的地区。因此,产业地址的选择要充分考虑该地区的自然资源。

2. 自然资源要素差异扩大了经济区域间各种要素流的梯度差,产生了地区专业化

  自然条件对劳动生产率和产品质量有很大的限制,因此也是产业布局的一个重要影响因素。在市场竞争的条件下,企业会按照节约成本、提高销量的原则向最适合企业所在产业发展的地区积聚,从而在这个地区形成具有一定产业特色的积聚区。各个产业在这种自然力量的作用下,逐渐完成整个经济体的产业布局。因此,一个经济体按照自身独特的自然条件形成了具有地区特色的产业布局,在这个布局的基础上再和其他经济体进行联系,形成整个世界的产业布局。根据我国的地理特征,我国的经济区域可以分为这样几种类型,分别是资源型,如东北、黄河中下游;加工混合型,如吉林;加工型,如上海。

3. 自然条件复杂多样性是发展多元化区域产业结构的前提

一国产业发展总是从基础产业缓慢发展起来的。在产业缓慢发展之初,多样性的自然条件能够产生出多元化的基础产业。对于农业来说,综合的气候条件更加有利于产业的发展,从而产生更多的产业部门。对于制造业来说,稳定的地质基础和通畅的地理环境则十分关键。农业和制造业的结合则有利于该地区发展出多元化的产业结构,为地区的进一步发展奠定基础。由此可以看出,地理条件的复杂多样性对于一个地区多元化产业结构的重要性。

(二)人口因素

1. 人口数量

人口数量对一个地区的市场规模和资源开发都有较大影响。首先,人口数量庞大可以提供一个足够庞大的最终需求市场,为产业的发展提供广阔的生存和发展空间。其次,人口数量庞大可以为产业发展提供充分的劳动力,开发自然资源。

但是对一个地区来说,人口数量应该和产业发展情况保持一致。人口数量不宜超过自然资源的承载力,否则将会拖累产业的发展。

2. 人口质量

在身体素质方面,预期寿命每增加10%,人均 GDP 增长

1.1%，人均 GDP 增长 1%，人均寿命增加 2.2%；在文化科技素质方面，具备高水平科技文化素质的劳动力资源是发展高层次产业，即技术密集型产业的基础，如硅谷、中关村电子一条街；在思想素质方面，员工拥有积极健康向上的工作态度对整个产业来说都是一种福音。

因此，人口质量的发展对产业来说是一个积极因素，是产业从初级发展向高级的重要动力之一。

3. 人口结构

人口结构特点往往决定了一个地区的消费特点，因此对一个地区的产业布局有重要的影响。一般来说，厂商在进行市场布局的时候往往会根据该地区的人口消费特点，选择项目种类和规模，最大限度地满足各层次人口的物质和文化消费特点。例如，随着人口老龄化趋势的不断发展，适应老年人消费需求的产品将会逐渐成为市场的主力，但是会对技术创新不利。

（三）经济因素

1. 区域历史基础

产业布局具有历史继承性，已经形成的经济基础，通过规模经济和规模不经济实现产业在区位的聚集，进而产生不同的集聚效果。如沿海、东北产业带可以利用公共公用设施，减少前后关联产业的运输费用；便于相互交流科技成果和信息；影响经济增长活力与竞争力，如投资率、外资比重、非公经济比重；影响经济发展水平，没有基础的区域容易形成贫困恶性循环。

2. 区域基础设施

包括为生产服务的生产性基础设施，也包括为人类生活服务的非生产性基础设施，如交通运输设施、信息设施、能源设施、给排水设施、环境保护设施、生活服务设施等。产业区位最初总是指向交通方便、运输速度快、中转环节少、运费低的地点,交通运输条件深刻地影响着农矿资源开发的次序、规模和速度,如克拉玛依油田开发就远落后于东部油田;灵通信息有利于准确掌握市场,正确分析产业布局的条件。

3. 市场条件

市场与企业的相对位置。产业区位总是指向于能使商品以最短线路、最少时间、最低花费进入市场的合理区位。市场规模,即商品或服务的容量。如今,随着原材料处理,运输方式的改进,以及制造业的构成由重工业转向高附加值工业,原材料的运输方式及成本不再是产业布局中非常重要的因素,相反,接近消费市场日益重要(更快地了解顾客偏好、服务要求、竞争者信息等)。市场结构,即商品或服务的种类。市场的需求量和需求结构影响产业布局的部门规模和结构,是形成主导产业、辅助产业以及有地方特色产业地域综合体的指南;市场竞争提供刺激、传递信息、提供技术支持、提高经济成长效率,促进生产的专业化协作和产业的合理聚集,使产业布局指向更有利于商品流通的合理区位。

(四)社会因素

1. 社会发育程度

区域传统文化与风俗习惯影响产业布局:重农轻商、竞争意识淡薄、安于现状、依赖意识严重、重男轻女思想等也会制约产业发展。

2. 制度性条件

制度性条件包括经济组织形式、国家政策法规以及地区风俗等方面。一个国家正确的政策将有利于推动产业布局的发展,给经济发展带来积极作用。而厂商在确定自己经营方式的时候,往往还会考虑到该地区的风俗和民间文化,借助制度性文化的力量推动自己企业的发展。

3. 国际、国内环境

国际、国内环境的稳定对产业的持续发展将十分有利。一个政局不稳、动荡不安的国家,势必不会有长期稳定发展的产业。仅以我国为例,在建国初期,我国政局不稳定,国家优先发展中部地区,而且重点发展重工业。在改革开放以后,国家政局基本稳定,面临的国际威胁降低,沿海地区便迅速发展起来。

(五)科学技术因素

1. 自然资源利用的深度和广度对产业布局的影响

技术进步是拓展人们开发自然资源的工具。一方面,人们在技术进步以后,可以获得更广范围的资源。另一方面,技术进步可以提高人们对自然资源的综合利用能力,发展对环境更加友好的产业。

2. 技术通过影响地区产业结构对产业布局的影响

新技术一旦出现,就会引起最终需求的持续性反应,从而刺激产业格局的持续性变化。在历史上,三次产业结构不断变化,人类生产生活的需求发生了较大变换。在这个基础上,人类生产生活的地域和方式都出现了较大变化。

技术的不断进步还促进了其他技术的不断发展,缩短了其应用时间。从第一次科技革命以后,新技术的应用时间不断缩短,蒸汽机 100 年,电动机 57 年,汽车 27 年,飞机 14 年,晶体管 5 年,激光几个月,超导材料同步。

第六章 政府规制理论研究

政府规制理论是产业经济学的重要构成要素,随着我国改革开放工作的深入进行,近些年来政府规制理论得到了快速的发展。政府规制理论从政府的角度出发,对政府在市场经济中应该扮演的角色以及应发挥的作用进行了深入的解剖与分析。

第一节 政府规制的内涵

一、政府规制的含义

植草益认为"规制主体分为私人和社会公共机构,由司法机关、行政机关以及立法机关进行的对私人以及经济主体行为的规制被称为'公的规制'。"①

维斯库西(Viscusi)等学者认为"政府规制是政府以制裁手段,对个人或组织的自由决策的一种强制性限制。"②

施蒂格则认为"规制是应利益集团的要求为实现其利益而设计和实施的一种规则。"③

---

① 植草益著;朱绍文译.微观规制经济学[M].北京:中国发展出版社,1992,第1页
② 丹尼尔·F·史普博.管制与市场[M].上海:三联书店,上海人民出版社,1999,第45页
③ 同上

史普博则认为"政府规制是行政机构制定并执行的直接干预市场机制或间接改变企业和消费者供需决策的一般规则或特殊行为。"[①]

国内学者王俊豪将规制定义为"具有法律地位的、相对独立的政府规制者（机构），依照一定的法规对被规制者（主要是企业）所采取的一系列行政管理与监督行为。"[②]

臧旭恒等人则认为规制的定义应该是"政府部门依据有关的法律、法规，通过支持、许可或禁止、限制的手段实施的，直接、间接对企业的经营活动产生影响的行为。"[③]

从对规制概念的讨论可以归纳出规制的三层含义：

第一，规制主体是政府机构。通过立法或其他形式被授予规制权的规制机构可以具有不同的存在形式，既可以是政府行政部门，也可以相对独立于行政部门，而直接对立法机构负责，但在研究中一般统称为政府或政府机构。

第二，规制的对象是各种经济主体，可以包括个人、企业、社团组织等，统称为被规制者。一般规制政策并不是针对某一特定经济主体制定实施的，而是针对某一类经济主体的共同特点或行为制定实施的。

第三，规制的依据是相关规则（制度）。相关规则（制度）既可以是法律，也可以是规制机构依据相关法律制定的规章、规定、标准等。各种规则（制度）不但明确规定限制被规制者的什么决策，如何限制以及被规制者违反规则将受到的各种制裁，也明确规定规制者的权力、规制程序等内容。

通过上面的研究与分析，我们认为政府规制是以政府为主体的规制人依据相关的经济政策和法律制度对经济发展中的各个

---

① 丹尼尔·F·史普博. 管制与市场[M]. 上海：三联书店，上海人民出版社，1999，第45页

② 王俊豪. 政府管制经济学导论[M]. 北京：商务印书馆，2001，第1页

③ 臧旭恒，徐向艺，杨慧馨. 产业经济学[M]. 北京：经济科学出版社，2002，第329页

经济主体所进行的调控。

二、政府规制的分类

(一)依据规制内容分类

按照政府规制的内容我们可以将其分为经济性规制与社会性规制。

1. 经济性规制

经济性规制通常是指政府在价格、产量、进入与退出等方面对企业决策所实施的各种强制性制约。一般来说,经济性规制的内容主要包括以下几个方面。

(1)价格规制。对特定产业的价格水平和价格结构进行规制,规定最高(最低)价格、价格调整周期等。

(2)进入和退出规制。通过发放许可证或制定进入退出标准,对企业进入退出某产业或某产业内企业数量进行限制。

(3)投资规制。通过规制既要鼓励企业投资以满足市场需求,又要避免企业重复投资、恶性竞争,保证投资效率和效益。

(4)质量规制。产品或服务的质量大多具有综合性,因此在一些被规制产业中,往往不单独实行质量规制,而是把质量规制与其他规制,如价格规制相联系。

2. 社会性规制

"社会性规制是指以保障劳动者和消费者的安全、健康、卫生、环境保护、防止灾害为目的,对产品和服务的质量以及随之而产生的各种活动制定一定标准,并禁止、限制一定行为的规制。"[1]与经济性规制相比,社会性规制的一个重要特点在于横向制约

---

[1] 植草益著. 微观规制经济学[M]. 朱绍文译. 北京:中国发展出版社,1992,第27页

性。经济性规制是根据某一特定产业的特点,有针对性地采取规制政策,表现为一种纵向制约机制。社会性规制不是针对某一个特定产业,而是针对所有可能发生外部性或内部性的行为主体及其行为。任何产业内的任何企业行为只要不利于社会或个人的健康、安全,不利于提高环境质量,损害了社会福利,都要受到相应的社会性规制。

(二)按照规制机构和制约手段分类

按照规制机构和制约手段的不同,可将其分为间接规制和直接规制以及社会性规制。

1. 间接规制

与字面意思相近,间接规制是指司法部门不直接对经济进行干预,而是通过相应的法律制度对市场和市场主体的经济行为进行干预。间接规制能够保证市场与市场主体在自由的环境中进行发展,最大限度地发挥市场对资源的调配作用。间接规制的内容主要针对垄断以及破坏市场公平竞争这两类行为,其法律依据主要是《反垄断法》与《反不正当竞争法》,之所以对这两种行为进行人为的约束和干预,主要是因为垄断行为与不正当竞争行为对市场竞争的公平性会造成很大的冲击,任由其发展会造成市场秩序的混乱。

2. 直接规制

顾名思义,直接规制就是政府通过行政管理直接对经济进行干预或者调整,通常来说狭义的政府规制就是指直接规制。政府的直接规制行为,主要是针对市场竞争中的垄断、信息不对称等现象所进行的调整,通过政府的行政干预,能够有效稳定市场秩序,保证经济运行的平稳。

（三）按规制方式分类

按照规制方式的不同，规制可以分为行为规制和结构规制。

1. 行为规制

行为规制着眼于企业在经济发展中所采取的措施，其主要关注点包括：企业的竞争行为是否合法，是否存在垄断并涉嫌操纵市场以及其他企业的市场竞争与运作行为。行为规制最简单、最常见的出现方式是行政指令。行政指令能够明确的告诉企业在市场竞争中，哪些行为可以采用，哪些行为必须改变，哪些行为必须禁止，为企业划出了一道道经营运作的红线。

2. 结构规制

结构规制是指根据市场环境以及企业特点决定企业经营行为的一种规制方法。由于每个企业都有自己的经营特点，因此结构规制的具体措施与执行的具体方式都是不同的。职能分解是企业结构规制的一种普遍形式，具体来说就是在行业内具有垄断地位或优势的企业不能进行如市场与企业的竞争，因为这种竞争本身就是不平等的，如果垄断企业参与到市场竞争中，其他企业必然会逐渐的失去发展空间，最后消亡。

三、政府规制的目标

（一）有效配置资源

如果一家企业能够以低于两家或更多企业的成本提供市场需求的数量，这家企业就形成了自然垄断。在自然垄断领域的产业中，最大的着眼点是防止垄断企业滥用市场力量。由于将价格确定于边际成本水平之上的垄断价格会损害资源的有效配置，所以限制垄断价格、实行价格管制在一定的环境里能实现资源的有效配置。

(二)公正分配收入

如果企业支配性地确定价格,在企业理性的促使下,就必然使消费者剩余的一部分成为企业利润而进行收入再分配。所以,从社会分配公正的角度看,就必须限制垄断价格,保护消费者利益。再有,垄断企业在向不同的消费者提供同一产品或服务时,通过价格歧视做法,有可能制定差别价格,从利益分配公正的角度出发,就有必要尽可能地限制某些不合理的差别价格。此外,经营多种服务或事业的垄断企业,也存在通过获取一方事业领域的超额利润来弥补另一方服务领域低利润的可能,即进行所谓内部相互补助(也称作转移定价),来谋求社会的财税补贴。由于这是在不同事业领域的消费者之间进行收入再分配,因此也应从公正的角度出发加以限制。

(三)确保企业内部效率

如果某个市场内存在垄断行为,那么对于垄断企业来说技术是不具备竞争压力的,这对企业内部活力的激发是不利的。因此,我们有必要采取相应的措施来提高企业内部活力与积极性。一般拉说,主要有以下几种途径。

(1)在现有的社会条件和企业内部条件下,优化企业的投入产出组合,提高企业的经济回报率。

(2)优化企业的货物存储与配送系统,建立企业物流供应链,提高产品销售周期,减少成本。

(3)合理调整企业的生产规模,将以量取胜的传统经营模式转变为以质为主的发展思路。

(4)引进新技术,通过提高企业的劳动生产率、原材料利用率等途径来提高企业的经济收益。

(四)稳定企业财务

企业应该将眼光放长远,如果持有闲散资金可以进行适当的投资,不仅可以为企业开拓新的盈利途径也能够促进企业的全面发展。从这一观点来看,企业有必要在经营过程中,通过某些途径筹集资金,并适当的进行项目投资,以保障企业的稳定发展。

四、规制主体与实施过程

政府规制的主体必然是政府机关,根据我国国家机关职能的不同我们可以将规制机关分为权力规制机关、司法规制机构以及行政执行规制机构。在这三种规制机构中,权力机关一般情况下不会对市场进行调节,只是负责相应领域的立法组织工作,而司法机关的主要任务是对市场中违反相应法律法规的市场纠纷进行审理与调节,行政执行机构主要负责具体规制条令的执行、市场主体的监督以及市场秩序的维护等工作。

一般来说,政府规制的实施过程主要包括以下基本步骤和阶段。

第一阶段,立法机关根据权力机关的决议对某一行业的规制进行具体的策划。立法机关的规制策划涉及众多市场参与者利益,如产品生产者的经营利润、销售商的销售利益、消费者的个人利益以及劳动者的公平待遇等,在决议中立法机关需要根据目前的市场状况以及企业环境对市场参与者利益进行具有某种倾向性的保护,如《消费者权益保护法》。

第二阶段,法律的实施阶段,这一阶段并不是由立法机关直接完成的,而是由其指定的执行机构来进行具体的细节实施。这一阶段也存在大量的利益调整问题,执行机构需要根据市场环境对相应的参与者进行必要的保护。

第三阶段,我们将规制效用由强变弱的过程称为规制的解除过程,在这个过程中规制对市场与市场主体的约束作用主键减弱。一般来说,市场规制的解除意味着规制实施之初的环境已经发生了变化,其已经完成了自己的作用。

第二节 经济性规制理论研究

一、价格水平规制

自然垄断行业的价格水平规制具有三重目标:一是为了提高企业效率,使自然垄断企业的价格保持在合理水平,同时又为企业提高效率提供激励;二是实现资源有效配置,保护消费者利益;三是维护企业发展潜力,实现企业长期发展。为实现上述目标,价格水平的确定必须充分考虑成本与收入之间的关系,即以什么方式确定价格水平,同时还要考虑在实践中如何实施价格规制。

(一)价格水平的确定方式

1. 边际成本定价

为实现资源配置的帕累托效率,在完全竞争条件下要求满足边际成本等于边际收益,同时还等于商品的价格。因此,要使自然垄断企业实现完全竞争条件下的资源配置效率,则以边际成本定价似乎是最理想的选择。但是,在自然垄断行业,由于规模经济的作用,在成本弱增的一定范围内,成本曲线是向下倾斜的,边际成本曲线位于平均成本曲线的下方。这意味着,若以边际成本定价则价格无法完全弥补平均成本,企业会出现亏损,不但无法激励企业提高效率,甚至企业的生存都成为问题,就更谈不上帕累托最优的资源配置了。为解决边际成本定价存在的问题,豪特林(Hotelling)主张坚持边际成本定价,同时用财政支付来补贴企业的亏损。但是,这一主张会造成两个严重的问题:一是对企业的长期补贴会导致沉重的财政负担,并会因为用税收筹集补贴而导致收入再分配和资源配置的扭曲;二是补贴不能激励企业提高生产效率,而且长期的补贴还会使企业产生对补贴的依赖,放弃提高效率的努力,将资源更多的用于俘获规制者以获取更多的补贴。尽管边际成本定价存在上述问题,但是它可以作为政府确定价格规制水平的参照系,用来比较实际规制价格水平与边际成本定价价格水平的差异。

2. 平均成本定价

在实际规制中,若政府不提供补贴企业也没有出现亏损,则可以认为政府是以平均成本或高于平均成本的水平规制价格的。平均成本定价是以实现企业收支平衡为目标,尽可能实现经济福利最大化的定价方式。在企业规模报酬递增条件下,高于平均成本的价格肯定高于边际成本,一旦价格高于平均成本,则调低价格,提高福利水平;而一旦价格低于平均成本,则提高价格才能消除企业亏损。因此,以平均成本定价既可以保证企业不出现亏损,又能最大程度的提高社会福利水平。平均成本定价实际上是一种附加约束条件的次优定价,因为此时消费者的福利水平低于边际成本定价时的福利水平。

(二)价格规制实践中的实施规制

1. 投资回报率规制

投资回报率规制又称"公正报酬率规制",该规制允许被调整的企业在总成本进行回收的同时,获取一个处于合理范围之内的投资回报率。在规制实施的实践中,被调整与控制的企业会通过相应的渠道向政府提出最高销售价格申请,政府规制部门根据市场状况对其报价进行评估,并根据相应的计算来确定企业最终的投资回报率,作为企业在某一经营周期内的经营与定价依据。

对单产品(服务)企业而言,投资回报率规制模型为:
$$R(pq) = C + S(RB)$$

对多产品（服务）企业而言，投资回报率规制模型为：

$$R(\sum_{i=1}^{n} p_i q_i) = C + S(RB)$$

上式中 R 为企业收入函数，p、q 分别为产品（服务）的价格和数量，C 为成本费用，S 为投资回报率，RB 为投资回报率基数。

2. 价格上限规制

价格上限规制是近年来世界各国自然垄断产业改革中使用较为普遍的激励规制方式之一。它是指企业产品（服务）价格的增长不能超过某个特定价格指数的增长减去 x。其一般形式可以表示为：

$$P_1 = P_{t-1}[1.0 + \frac{(RPI - X)}{100}]$$

式中，P_{t-1} 为基期价格，RPI 为物价上涨率，X 为效率因子。可见，该规制方式综合考虑了影响企业收益的内生与外生因素。在运用这一模型进行价格规制时，企业可制定的名义价格取决于 RPI 和 x 的相对值。当 $RPI-X>0$ 时，企业可以提高价格，当 $RPI-X<0$ 时，企业必须降价。

价格上限不仅可以用于单一产品或者服务的价格规制，也能够用于多产品或者服务的价格规制。在单一产品或者服务的最高价格规制中，价格上限就是该产品的实际最高销售价格；在多产品或者服务的价格规制中，最高价格是这些产品或者服务价格的一个加权平均值，这也意味着企业可以以高于这一规制的价格销售，也可以低于这一价格销售，但必须保证加权平均价格不超过规制价格。

二、价格结构规制

自然垄断产业在向不同消费者提供商品或服务的过程中有许多共同成本，这就涉及如何根据不同消费者的需求和供给商品的不同成本对共同成本进行分摊的问题。价格结构规制的主要任务就是监督企业以适当的方式把共同成本合理地分摊到各种商品或服务之中。就单一产品定价而言，价格结构规制就是以线性或非线性的定价方式对不同消费群体制定合理的价格；就多产品定价而言，价格结构规制要解决的是各种不同商品或服务之间如何制定不同的价格，从而使企业盈亏平衡并实现社会福利最大化。

(一)单一产品的定价

1. 单一产品的线性定价

单一产品的线性定价主要包括定额价格和同一从量价格两种。

(1)定额定价

定额价格是指无论消费量大小，都按固定的标准收费的价格，例如：在冬季供暖中，无论用户是否使用暖器、暖器是否热、使用天数多少，热力公司对所有用户收取同样金额的取暖费。定额价格虽然收取简单，但是往往会造成资源浪费，目前在实践中使用范围有限。

(2)同一从量定价

同一从量价格是指无论消费量大小，都按同一的单位价格收费，例如：按每吨水、每度电的单价和消费总量收取水电费，而不考虑大用户与小用户的差异。这种定价方式没有很好的反应不同用户的需求差异，也没有体现为不同用户提供产品或服务时的成本差异。要将不同需求和成本因素的影响反映在价格之中就需要非线性定价。

2. 单一产品的非线性定价

单一产品的非线性定价包括两部定价、峰时定价和差别定价。两部定价所形成的价格通常由两部分组成，一是与消费量无关的基本费，其主要功能是补偿与消费量大小无关的固定费用；

二是根据消费量收取的从量费,其主要补偿提供产品或服务的边际成本。例如:固定电话业务的收费中,既包括与通话量无关的月租费,还按每次通话时长收取通话费。两部定价虽然次于边际成本定价,但是它既保证了企业收支平衡,又优于按平均成本定价。

(1)峰时定价

峰时定价又称高峰负荷定价,是一种根据高峰和非高峰时的需求不同而制定不同价格水平的定价方式。电信、电力等行业在高峰期和非高峰期的负荷存在较大差异,为了满足高峰期的消费需求,保证生产供应的连续性,通常需要根据高峰期的需求设计形成生产能力,这必然导致非高峰期生产能力的闲置,造成资源浪费。高峰期与非高峰期需求差异越大,生产能力浪费就越大,因此需要通过价格规制提供一种激励机制,缩小高峰期与非高峰期的需求差异,熨平消费高峰与低谷的落差。显然,对高峰期消费收取较高价格,对低谷期消费提供价格优惠的峰时定价可以起到这一作用,从而实现社会资源的优化配置,减少固定资产投资需求。

(2)差别定价

差别定价还有一种说法叫做"价格歧视",具体来说就是企业根据消费者的需求将同一产品采用不同的价格进行销售。从企业市场学的角度来说,垄断企业实行差别定价需要具备三个条件:一是垄断企业具有支配价格的能力,即企业面临一条倾斜的需求曲线;二是出于种种原因,不同的消费者对该产品确实具有不同价格的消费需求;三是企业能够将不同的消费者市场分离。按照价格差别的程度,差别定价可分为三种,分别为一级价格差别、二级价格差别、三级价格差别。从实施效果上来看,没有一级价格差别都有其独特的市场作用和作用范围,在实施的过程中,企业应根据市场状况进行合理的选择。虽然差别定价有利于企业获取垄断利润,但有时差别定价也可以保证以不同消费者都能接受的价格提供商品或服务,并使企业可以实现收支平衡。因此,是否对差别定价加以规制,应根据对消费者和企业的影响进行具体分析。

(二)多产品定价

多产品定价的目标是形成拉姆塞价格。所谓拉姆塞价格是指企业在提供多种不同商品或服务时,能够保证在企业盈亏平衡条件下实现社会福利最大化的价格。根据微观经济学的原理,边际成本定价能够实现最优的资源配置,然而当边际成本递减时,按照边际成本定价会导致企业亏损。这时需要采用一种次优的定价方式,即在满足企业收支平衡的约束条件下实现社会福利最大化。既然企业提供多种产品或服务,又无法按照边际成本定价,于是要解决的问题就是各种产品与服务的定价应该与边际成本偏离多少。拉姆塞定价要求价格与边际成本的偏离程度应与商品或服务的需求价格弹性成反比,即需求价格弹性高的商品或服务定价偏离边际成本程度低,需求弹性低的商品或服务定价偏离边际成本程度高,具体定价形式如公式如下:

$$P_i = \frac{MC_i}{\left(1 - \frac{R}{\varepsilon_i}\right)}$$

式中,P_i 为第 i 种商品或服务的价格,MC_i 为第 i 种商品或服务的边际成本 ε_i 为第 i 种商品或服务的需求价格弹性,$R = \frac{\lambda}{1+\lambda}$,被称为"拉姆塞指数",其中 λ 为拉格朗日系数。

拉姆塞定价的优点在于既保证了企业盈亏平衡,又最大程度地增进了社会福利,但是它对成本、需求信息的高度依赖使其在现实中难以得到广泛运用。激励规制理论中的 $L—M$ 模型和 $V—F$ 模型分别从静态和动态的角度在一定程度上解决了信息问题,而在规制实践中常常通过提供多种定价方案组成的"菜单"来替代拉姆塞定价。

三、进入壁垒与进入规制

政府的进入规制政策就是要通过调整上述进入壁垒来实现有效竞争。在进入壁垒过低,有可能导致过度进入时,政府通过设立法律壁垒或行政壁垒限制进入,从而避免重复投资、资源浪费、过度竞争,保证行业实现规模经济。当进入壁垒过高,尤其是企业设置的策略性进入壁垒过高,导致行业缺乏有效进入,效率低下时,政府通过规制降低进入壁垒,诱导企业进入,以获取竞争带来的收益。

政府进入规制作为一种非市场机制介入市场循环之中,其后果和手段受到了可竞争市场理论的质疑。可竞争市场理论产生于20世纪70年代末80年代初,最终由鲍莫尔、潘扎和威利格1982年合作出版了著名的《可竞争市场和产业结构理论》一书,该书系统化的对可竞争理论进行了总结和梳理。他们提出的基本观点是,某个产业在市场机制作用下,即使产生行业性的垄断行为,只要存在沉没成本,市场价格机制就会起作用,保持市场价格的合理性。沉没成本实际上就是一种潜在市场资本或者说市场份额,而这种市场资本的来源就是潜在的市场进入者。

根据鲍莫尔等人的研究,可竞争市场理论是建立在三个严格的假设基础上的。

(1)市场进入自由。这里所说的自由是一种完全意义上的自由,市场的进入者和竞争者不存在明显的竞争优劣差距,市场进入壁垒自然不会存在。

(2)退出自由。这里所说的退出自由是指一种完全无成本的市场退出。可竞争市场理论认为所有的市场进入者在进入或退出市场时不存在沉没成本,因此市场退出不受任何限制和约束。

(3)潜在进入者能够根据现有企业的价格水平准确评价进入市场的营利性,而且一旦进入者实际进入市场,能够迅速形成生产能力,并在在位者做出反应之前获利。

如果前两个假设条件成立，那么进入者能够采取"打了就跑"的策略；如果三个假设条件全部成立，那么可竞争市场将呈现以下特征。

(1)可竞争市场上的企业只能获取正常利润，即经济利润为零。这是因为正的利润将吸引进入者进入，通过制定比在位者低的价格，进入者可以占领市场并获取非负甚至是正的利润。而当在位者做出反应，降低价格使进入无利可图时，进入者可以带着获取的利润无成本的退出。因此，在位的垄断企业只能指定超额利润为零的"可维持性价格"，以防止潜在进入者竞争。

(2)达到均衡状态时，可竞争市场上不存在任何形式的低效率，如：要素配置低效率、X非效率等。任何形式的低效率都会吸引效率更高的潜在进入者的进入，因此从长期看，只有效率最高的企业才能有效阻止进入。

可见，在完全可竞争市场中，即使是完全垄断或寡头垄断的市场结构也能够实现完全竞争市场条件下的帕累托最优状态。可竞争市场理论具有重要的政策含义：只要市场是可竞争的，即使是存在自然垄断，潜在的竞争也能保证资源配置效率和生产效率，政府无须进行规制。这一观点对传统自然垄断产业规制政策存在的必要性提出了挑战。

可竞争市场理论自产生以来也受到广泛争议，主要是由于以下几个原因。

(1)沉没成本为零的假设在现实中难以实现，当企业退出时一般都会有部分资产沉淀下来不能全部撤出，这就意味着企业存在进入、退出障碍，不可能有效采取"打了就跑"的战略。

(2)进入者开展业务并获取利润一般需要一段时间，假设进入者在在位者做出反应之前能够迅速建立自己的业务，占领市场并获利，这也与现实不符；另外，在实践中进入者采取的"撇脂"战略也会导致在位者的不可维持。

针对可竞争理论存在的缺陷，也提出了通过提高市场的可竞争性来改进规制政策的思路。按照这一理论，政府的进入规制不在于设立合理的进入壁垒,确定适度的进入规模,而在于最大限度地消除限制市场可竞争性的因素,如:降低沉没成本、制止在位者不合理的策略性行为等。

第三节 社会性规制理论研究

一、社会性规制的含义与起因

(一)社会性规制的含义

不同国家对社会性规制的概念与具体内涵有不同的认识。日本学者植草益将社会性规制定义为:"以确保国民生命安全、防止灾害、防止公害和保护环境为目的的规制,都是与对付经济活动中发生的外部性、提供公共性物品、准公共性物品有关的政策。"①

美国的社会性规制不包括教育、文化以及福利规制,而是将社会性规制称作"健康、安全与环境规制"(Health、Safety and Environmental Reg-ulation,简称 HSE 规制)。例如:维斯库斯等在《反垄断与管制经济学》中指出,"尽管这些形式的管制通常被认为属于社会管制,但是,经济管制与社会管制之间的分界线是不明确的。因此,我们将使用健康、安全与环境管制等更为确定的名称来定义这些形式的管制。"②

虽然各国对社会性规制的定义有所差别,但是其中也有存在共性之处,即与经济性规制相比,社会性规制关注的并不是经济活动自身的效率问题(如资源配置效率、生产效率等)或其导致的

---

① 植草益. 微观规制经济学[M]. 北京:中国发展出版社,1992,281 页
② W. 吉帕·维斯库斯,约翰·M·弗农,小约瑟夫·E·哈林顿. 反垄断与管制经济学[M]. 北京:机械工业出版社,2004,第 6 页

经济福利问题,而是经济活动所产生的社会影响问题。因此,无论社会性规制的具体内容如何,规制的目的都在于通过限制、禁止或鼓励某些经济活动,来消除其对社会的不利影响,实现特定的社会目标。

(二)社会规制的产生原因

1. 公共物品供给

公共物品是指那些为社会公共生活所需要、私人不愿意或无法生产,必须由政府提供的产品或服务。公共物品有两个特征:一是非竞争性,即一个人对此物品的消费不会减少其他人对该物品的消费,换言之,增加一个人消费的边际成本为零;二是非排他性,即很难禁止其他人不付代价而消费该物品。一般来说,社会规制需要政府提供公共物品或由市场提供公共物品并由政府出面进行相应的规制行为。

2. 非价值物品供给

非价值物品又称非优效品,是指"人们不根据自己的最优利益消费的物品,或消费损害社会利益的物品"。[1] 虽然非价值物品的生产、消费过程也可以通过市场机制来实现资源配置方面的效率,但是从社会道德、伦理规范的角度看,这种生产消费行为却是不适宜的,如生产消费毒品,因此政府需要通过社会性规制限制或禁止非价值物品消费。

3. 信息不对称

信息不对称是指市场上买方与卖方所掌握的信息是不对称的,一方比另一方掌握更多的信息,处于信息优势。信息不对称可以有三种情况:第一种是买方比卖方掌握更多信息,如投保人

---

[1] 马云泽. 规制经济学[M]. 北京:经济管理出版社,2005,第149页

对自身状况更了解;第二种是卖方比买方掌握更多信息,如医生比患者掌握更多信息;第三种是双方掌握的信息存在差异。当存在信息不对称时,有可能会产生两种问题,一是逆向选择问题,二是道德风险问题。

二、环境规制

(一)命令与控制政策

根据设置标准的依据不同,命令与控制政策主要包括两类政策工具:技术标准和绩效标准。

1. 技术标准

技术标准主要是针对存在环境污染与环境破坏的企业制定的,其主要目的是用来对企业的污染情况进行技术鉴定。在规制者利用技术标准对企业的环境行为进行衡量的时候,一般情况要先经过专门测算机构对企业收益与污染治理的成本进行衡量,并以此为基础对该企业能为保护环境、减少污染排放所能做出的最大贡献做出评估,然后根据企业的具体状况对具体的规制措施进行决策。但是在实际测算过程中,规制机构并不能准确掌握企业治理污染与收益数据,因此测算结构实际上存在一定的误差,因此在实际规制中规制部门要求所有企业采用统一的"最适用的技术"或"最可行的技术"。

2. 绩效标准

绩效标准也是针对企业的环境污染与破坏行为制定的一种规制标准,其目的在于限制企业的污染物排放量。与技术标准一样,绩效标准也是以企业污染治理成本与收益作为规制依据的,二者的区别在于对排放标准执行的灵活性上。技术标准实质上属于一种刚性标准,企业必须按照规定的标准制定;技术标准是一种弹性标准,企业在污染物处理的实际操作中有一定的弹性空间。与技术标准相比,绩效标准由于具备更高的灵活性,因此能够降低污染处理技术转换为实际污染处理系统的成本,这大大提高了污染治理的效率,但是绩效管理的缺点在于监督的成本较高,并且需要建立长效的监督机制,这对企业与规制者都是一个巨大的考验。

(二)经济激励政策

经济激励政策主要包括四类政策工具:环境税费、补贴、押金—返还和可交易许可证。

1. 环境税费

环境税费是庇古税理论在政府的制定环境规制中的一种比较典型的应用方式,即根据征税行业与征税对象在环境污染上的大小来确定征税的具体对象与具体税种。一般来说,政府向污染企业征收的庇古税主要包括排污税、使用者税以及产品税这三种基本税务。

(1)排污税

排污税是政府规制部门根据企业的污染状况对企业的污染行为所征收的一种税收。排污税的税率以企业污染治理的边际成本为依据,其目的是让企业通过最小的污染治理费用来实现最好的污染治疗效果。

(2)使用者税

使用者税也被称作"使用费",是污染企业使用社会公共设施或者设备处理企业污染物所支付的使用费。使用者税征收的主要目的是弥补公共设施建设、维护、运行所需要的成本。

(3)产品税

产品税费是指生产以及消费过程中对使用具有污染性质的原材料或者商品的企业或者消费单位所征收的一种税。产品税既包含了生产过程中需要使用到的污染性原材料的税务征收,也包含生活中使用到的容易对周边环境造成污染的生活用品的税务征收。

2. 补贴

补贴是"一种对直接（部分的）减污成本的偿还或者是对每单位排污减少的固定支付"。关于补贴在环境规制中所起到的作用，无论是在学界还是在实际施行当中都没有能够形成一个统一的说法。1988 年美国的 Baumol 和 Oates(1988)通过实验和计算证明，补贴规制在企业污染物排放的限制中取得的成果越大，实际上造成的污染越严重，因为它刺激更多的企业通过这一制度来增加自己的污染物排放量。虽然在理论研究方面，很多学者对补贴在污染物排放限制上的作用持保留态度，但是其在现实环境的规制管理中确实存在其合理性。就清除历史积存的污染物来说，补贴在整个清除过程中的作用具有唯一性，政府的其他调控手段很难直接对其起作用，并且如果利用合理能够对污染物治理投资起到一定的作用。

在环境规制中与补贴紧密联系在一起的是取消补贴。就目前的状况来看，企业在经营中产生的环境破坏行为与不科学的补贴制度有着直接的因果关系，比如最常见的能源以及原材料加工领域，如果不能合理的利用补贴政策制定合理的补贴额度，那么很可能会造成企业污染的加重。

3. 押金—返还

押金—返还政策是指消费者在购买会对环境造成损害的产品时，国家对消费者征收的一种税。该制度的征收原则是谁消费谁纳税，通常的做法是将需要征收的税计入产品的销售价格之中或者在消费者购买产品的时候提交一部分押金，当商品使用完毕回收的时候，再将押金退还给消费者。押金—返还政策是政府采用政策组合策略解决污染治理的一种有效尝试，其在实际应用中收到了良好的效果，因此它也成为我国环境规制政策工具中的一

第六章　政府规制理论研究

个十分重要的组成要素。押金—返还制度将难以监督的污染治理转化为一种消费者自己维护环境的自觉行为,这一转变不仅能够有效地提高污染物治理的效率还可以大幅度减少污染治理的成本,无论是对规制部门、消费者还是对生产企业都是一种有利的选择,值得我们推广。

4. 可交易许可证

可交易许可证即交易排污许可证,它是近些年来出现的一种环境规制手段,但从其应用来看已经为大部分的国家所接受。在可交易许可证机制的允许下,政府通过实验与测算确定出各个企业排污的指标,并通过相应的法律对排污权利进行合理的保护,双管齐下才能真正将这一制度的优势充分发挥出来。对于可交易许可证我们应该秉持科学的态度,交易许可证排放量的限定并不意味着它是一种私有权利,虽然通过交易我们能够从中获取一定的利润,但这也不意味着企业的交易许可证的主要作用是为企业获取经济收益提供更强的激励。

三、职业安全规制

(一)强制性措施

强制性措施由法律保障其制定与实施,一般来说具有命令控制的特点,主要包括制定标准、进行督察和实施处罚三种类型。

1. 制定标准

制定标准可以说是联邦管理署的这一监督机构的基本职责。《美国职业安全法案》规定"联邦管理署能够参与实施安全与健康标准的两种重要方式,并以自己的想法为主导,以主要的观点为主,各个部分相互独立能够最大的发挥自己的作用",且实际施行的安全与健康执行标准只有通过最高权力机关的审核才能通过。

一般来说,前者主要可以分为四类基本的标准,即一般工业标准、海事业标准、建筑业标准和农业标准。这些农业生产与发展的措施对保护环境具有重要的作用,我们不能因为其自身的局限性就去禁止这些情况的发生与进行,我们所能做的只是尽量将这些标准事项依法实施,从而最大限度的对这些制度进行合理的维护与坚持。

2. 监督检查

在规制部门制定相应的规制标准之后,我们应该根据实际情况对这些标准和政策以及政策组合进行深入的探讨与研究,通过对方案的科学审查与评估将各项工作做到最好。但是在执行过程中我们需要注意,在落实情况的过程中必须要对相关的政策落实情况进行严密的监督与检查,防止有些不法分子利用法律的漏洞来规避自己的责任。就美国的社会状况来看,联邦管理署将监督检测分为以下四种。

(1)检查即将来临的危险,这一决定标准的实现和完成需要对企业的经营风险进行正确的预测与评估。

(2)检查天灾人祸,天灾人祸是造成环境破坏与生命财产损失的重要因素,因此在这个过程中还要科学的对这些突发状况进行规划。

(3)调查工人的抱怨,并加以咨询。

(4)程序性检查。

3. 实施处罚

就美国的职业安全规制而言,联邦管理署能够帮助规划者对不遵守相关规制的人员进行治理与处罚,如果调查发现规制对象不顾相关政策与条令约束,按照自己的意见与想法行事,就会对市场秩序造成严重的冲击,极大地损害各个市场主体的利益。事实上,这种制度很难在实践中发挥自己的作用,是因为这样做也使雇主和雇员违反了某种标准和规则,使双方的关系变得极为复杂。

（二）引导支持性措施

联邦管理署在采取上述强制性措施的同时，也采取了许多支持和引导性措施，这些措施包括提供咨询服务，进行安全与健康方面的教育和培训，以及提供安全与健康方面的信息服务。

1. 咨询服务

咨询服务由联邦管理署驻各州的机构雇佣专业的安全与健康顾问提供。服务的内容包括帮助雇主确认和消除具体的危险，具体包括：工作地点的危险调查，雇主现有安全与健康管理制度各方面的评估，以及协助雇主开发和推行有效的职业安全与健康管理制度。

2. 教育培训

联邦管理署培训学院为联邦和州安全官员、州咨询师、其他联邦机构的人员、私营部门的雇主、雇员以及他们的代表提供基础的以及高级的培训和教育课程。课程的内容包含电力危险、机械监护、通风、工业卫生学、安全记录保持、工效学等等。联邦管理署培训学院除了自己提供课程培训外，也通过在社区非营利学院和大学建立教育培训中心，提供由联邦管理署培训学院开发的课程和研讨会。联邦管理署还通过卫星和网络及时提供最新的安全规则和指导文件。

3. 信息服务

联邦管理署通过网络提供的信息服务包括：联邦管理署颁布的各种法规、规则的指导，正在实施的一系列计划的指导，联邦注册告示以及其他资料，电子工具，网上投诉等。此外，2003年联邦管理署还增加了小雇主改进、伙伴关系、工人等主页，使其信息更具有可得性。

第七章　高技术产业发展研究

产业的时间结构就是产业发展。高技术产业发展是产业经济学研究的新领域。高技术产业发展对于国家综合经济实力的增强，技术进步在经济增长中贡献率的提高，传统产业的改造和产业结构的升级，具有十分重要的作用。本章重点分析高技术与高技术产业的含义和特征，各国高技术产业发展状况，以及发展高技术产业促进经济增长和产业结构升级的规律和对策。

第一节　高技术与高技术产业

一、高技术

（一）高技术的概念界定

从经济学的角度来说，高技术是企业为了改善产品赢得市场对一类产品或者技术的好评，增大对企业新技术、新产品开发的自身投入，从而大幅地提高企业在研究产品和开发技术的资金投入以及科技成本在企业成本中所占的比例。这种在高投入当中取得研究成果我们称其为高技术。

如果我们从技术的角度来对高技术以及高技术产业进行理解，我们就会跳出高技术产业必然是行业尖端的技术或者尖端产品的这一想法，但实际上我们所说的高技术企业并不是全部具有尖端技术的企业,而是代表着未来发展方向以智力为发展基础的企业,比如微电子技术、计算机技术、软件工程技术、光电子技术、通信设备技术、空间开发技术、电子机械技术、生物基因技术等。我国"863"计划和"火炬计划"是为了发展高技术产业所制定和做出的重要规划,这两大计划提出了我国要重点发展的高技术:新材料技术、信息技术、航空航天技术、生物技术、新能源及高效节能技术、激光技术、自动化技术(即光机电一体化技术)。

总的来说高技术具有以下几个特点。

(1)高技术是一个动态概念,并且具有强烈的时空性,同一项技术在不同的时间与空间所代表的生产力水平以及先进性是不同的。具体来说就是,某一项技术只能在一段时期内维持其先进性,随着时间的推移原来的高技术会逐渐变成传统的生产技术,因此我们在描述高技术这个概念的时候一定要充分考虑其环境与背景,将高技术的相对性表现出来。

(2)高技术是指"一些比其他技术更为先进的科学知识所产生的一种技术"。高技术的产生依赖于具有高等教育资质、具备高深学术修养的专业人员,因此高技术的产生对知识的依赖极高,如果没有足够的人才储备,企业很难研究出区别于其他技术的高技术。

(3)高技术不仅要依赖人才,还需要大量的资金投入才能保证整个技术研发工作的正常运转。高技术的研发周期很长,并且具有很高的风险。如果研发失败,那么企业投入的资金很难收回;但如果研发成功,那么将会为企业带来高额的利润收入,并能够迅速提升企业的产品形象和企业形象。

(4)高技术的增值性很强,并且能够渗透到经济发展的各个产业之中。高技术具有很强的粘附力,这种粘附力能够通过一定的技术创新完美的与其他产业结合,产生更高的经济价值。

根据这四个方面的含义,我们可以将高技术概念定义为:高技术是知识密集、技术密集、资金密集的新兴高层次实在技术群。

（二）高技术的特征

1. 高技术具有极为重要的战略价值

高技术能够对促进国家经济、政治、军事等领域的发展产生重要的影响，从战略上来说高技术是一个国家增强自身竞争力的重要手段，具有重要的战略意义和战略价值。可以说高技术是一个国家综合技术水平的集中体现，高技术能够提高一个国家在国际社会中的地位和影响力，发达国家之所以能够在国际经济、政治、文化、军事领域表现出优于发展中国家的实力，主要就是因为发达国家的综合技术水平较高。因此，从长远来看，想要提高国家的竞争力与国际地位，必须要大力发展高技术，提高国家的综合技术水平。

2. 高技术具有渗透性

我们前面已经提到过，高技术具有很强的渗透性，能够通过一定的调整与改变迅速与其他行业或者技术结合，创造出更多的价值。但是高技术所带来的高收益，是建立在大量的长期资金投入的基础之上的，这也是高技术不同于新技术的一个重要表现。因为技术等级要求很高，因此高技术从研究到应用都必须配合先进的设备与生产工具才能进行，并且还需要大量的实验验证，这也是造成高技术开发的资金需求量大的重要原因。但是，应该看到高技术开发与投资的潜在利润，看到高技术投资带来的实际的经济收益与无形的形象、信誉资产。

3. 人才是高技术的载体

智力因素是高技术研发的前提，如果没有足够的人力资源支持，那么高技术产业是难以发展起来的。因为一旦高技术随着时间的发展在高智力和流动性人才催动下成熟起来，那么高技术会变成一种先进的技术但不一定再是高技术，其作为高技术的生命周期就要结束,新的高技术研发工作将要开展。人才的流动性决定了高技术产业的发展具有自身的这些特点,因此想要真正的把握住时代的脉搏,促进高技术企业的发展,必须要坚持培养高新科技人才。

二、高技术产业

(一)我国高技术产业的界定

根据我国科技部制定的《高新技术产业开发区高技术企业认定条件和办法》的相关规定,我们总结高技术企业的四个基本指标。

(1)高技术企业必须是具备大量的高技术人才的经济实体。

(2)具有高等教育背景的人占企业总员工数量的30%以上,专门从事技术研发的员工人数占企业总员工数量的10%以上。

(3)企业将3%以上的销售额度用于企业新产品或者新技术的研发工作。

(4)因技术开发带来的收入占企业总收入的50%以上。

(二)美国高技术产业的界定标准

在美国,高技术产业的界定标准主要采用两种强度指标。

(1)用于新产品与新技术研发的费用在企业总产值中所占据的比例。

(2)科技人员占总企业总劳动力人数的比重。

从这两个强度指标中我们可以看出,美国的高技术产业界定比较宽泛。其中第一个指标主要反映高技术研究与开发的强度,该指标能够很好的反映出企业产品和技术变化的速率以及周期,并且能够从中看出企业产品的技术含量以及企业人员的创新能力;第二个指标较为灵活,因为就全国范围而言,不同的产业、不同的区域、不同的产品类型对科技人员的数量有不同的需求,因此这一指标没有硬性的规定,要根据具体情况来确定。

(三)法国高技术产业的界定

在法国,无论是学界还是实务界都是用产品循环理论来对高技术产业进行具体的界定的。产品循环理论认为所有的工业产品都必须经过四个阶段才会最终推出市场。

(1)早期阶段:该阶段是指新产品刚刚开发成功,进入市场。

(2)增长阶段:产品进入市场逐渐被市场所接受,市场份额逐步增加。

(3)成熟阶段:产品市场占有率达到最高,并稳定在某个水平,企业开始形成标准化生产与销售渠道。

(4)衰退阶段:由于新产品或新技术的冲击,该产品的市场需求逐渐衰退,产品的市场份额逐渐下降。

法国的大多数经济学家都认为,一种新产品只有具备了标准化的生产渠道与销售渠道,能吸引一批具有高知识水平的员工参与到产品运作过程中,并形成了能够独立发展的一个产业分支时才能够成为高技术产业。也有一部分法国经济学家将高技术产业称为知识密集型产业。

(四)加拿大高技术产业的界定

加拿大界定高技术产业主要通过两种方法实现。

(1)部门方法(Sectional Approach):高技术产业必须具备行业领先的技术水平,并有相应的生产部门将这种技术优势转换为产品,有一条成熟的销售渠道将技术优势转化为竞争优势与利润。

(2)综合方法(Overall Approach):高技术产业主要体现在产品生产前的精心设计以及产品完成后的技术修正与调整,而所有这些工作都需要具有高级知识水平的员工来完成,因此劳动者素质是方法的核心。

(五)日本高技术产业的界定

日本学者大多认同长期信用银行对高技术产业的定义,产业的发展不仅能够带来经济效益的增长,同时也具有节约能源、技术含量高、更新换代速度快的基本特点。日本的经济学家认为,高级产业是立足现在放眼未来的新型产业,能够保证经济的平稳发展。

笔者认为,高技术产业是指用当代尖端技术(主要指信息技术、生物工程和新材料等领域)生产高技术产品的产业群,网络信息产业、计算机技术等都是高技术产业的代表。

第二节 我国高技术产业发展与产业结构升级

一、高技术对传统产业结构升级具有推动作用

所谓传统产业是指在各国工业发展过程中兴起较早,有了一定基础的产业。它们主要是采用传统技术进行生产和服务的产业,主要是指工业,也包括传统农业和第三产业的一部分。典型的传统产业包括纺织、机械、化工、石油、钢铁、汽车等产业,传统产业的诞生和发展奠定了现代工业文明的物质基础,但其负面影响也越来越突出,主要表现有:高投入、高消耗、高污染、低产出,阻碍了产业结构的升级。

高技术的本质属性决定了传统产业的改造不仅是技术性或技术层面的改造,而且是经济性、社会性、体制性的全面改造,从更高层次的意义上来说它还可以延伸传统经济的产业链条,催生新的经济增长点。应用高技术改造传统产业是未来经济与社会发展的重要趋势,就目前来看高技术如生物技术、新材料技术、信息技术、空间技术、新能源技术上取得的成果已经广泛的运用于水力发电、交通运输、电力输送、煤炭加工、机械制造、石油化以及汽车制造和医药生产等传统产业,使这些产业的技术水平不断提高,产品的技术含量不断扩大,推动着这些行业的产业结构逐步

向合理化、高级化转变。

电子信息技术可以说是高技术改造传统产业的领头羊，其作用最为明显。电子信息技术以计算机技术和网络技术为核心，囊括了集成电路制造、通信应用等新技术。信息产业作为当下最前沿的科技产业之一，是当代最有渗透力、增值力、最重要的高技术产业，已经渗透到了人们生活与工作的方方面面，各个生产部门的运作更是离不开信息技术与信息产业。可以说电子信息技术是改造传统产业的首要技术、带头技术，是经济效益的倍增器，是产业结构升级的阶梯。

二、利用高技术产业带动传统产业结构的升级的基本思路

从目前发展的状况来看，我国的传统产业已经不能适应经济的发展形势，许多问题亟待解决，主要有以下三点。

(1)我国的传统产业技术基础比较薄弱，并且设备严重老化，难以满足当前市场对高技术含量产品的要求。

(2)产业组织结构不合理，产业布局分散，难以形成产业集中效应。

(3)改革开放后我国商品供应市场一直处于供不应求的状态，企业形成了依靠产量提高效益的思维，导致企业技术进步缓慢。

根据对我国相关部门对钢铁、煤炭、石化等多个行业的普查，我们发现大多数的企业与同行业的国外企业在技术水准上存在较大的差距。目前我国的工业化建设虽然已经取得了重大的进步，但是从总体上来看还远远没有达到现代化的要求，因此我们必须重视高技术产业对工业现代化建设的带动作用，坚持科教兴国战略，大力发展高技术产业。

运用高技术手段，提升自身的竞争力，是我国传统产业发展的必由之路，具体来说要从以下几个方面切入。

(一)形成利益驱动的相互融合共识

高技术想要对传统产业进行改造,就必须融入到传统企业的管理与生产当中,只有二者形成"你中有我,我中有你"相互交融的局面才能从根本上对我国的传统产业进行改造。就目前的情况来看,我国高技术产业部门与传统产业部门无论在管理上还是在功能上都存在严重的不协调现象,甚至有些管理制度的设定是相互冲突的,造成这种现象的原因正是因为二者的分割造成生产与管理资源的浪费而遭到的客观规律的惩罚。从这一点来说,二者本质上并不冲突,都是统一在客观规律与发展趋势之下的生产力的代表,因此只要合理地将二者的利益趋势统一起来,二者就能很好地达成共识完成融合。在这个过程中,高技术企业必须认识到传统企业的优势,充分尊重传统企业管理与生产制度中的组织性与纪律性,而传统企业也要清醒的认识到,高技术产业代表的是经济发展的未来,故步自封必然会被时代逐渐淘汰。

(二)研究开发一批对传统产业有带动和促进作用的高技术

高技术产业代表着未来经济的发展方向,新技术的发展也代表着社会生产未来的发展趋势。因此,在经济发展过程中我们要注重高技术产业的发展,扶植和引导自主创新能力强、技术附加值高的企业,特别在进出口贸易中,国家一定要对处于弱势竞争地位的国内高技术企业提供支持,免除他们的后顾之忧,让它们全心全意投入到新技术与新产品的研发之中。大力发展高新技术园区,将高技术产业集中到一起,形成集群效应与良性的市场竞争,从而促进我国高新技术企业的整体发展,提高其产品的科技含量以及在国际贸易市场中的竞争地位,为我国经济发展开辟新的增长点。另外,还要大力促进高技术产业与传统产业的结合,将传统产业经济实力强、企业渠道健全的优势与高技术产业技术含量高、市场竞争力强的特点融合起来,逐步转变我国经济的发展方式。

（三）积极拓展投融资渠道，为高技术产业化和传统产业改造提供资金保障

高技术的研发需要大量的资金与人力资源融入，又有一部分人戏称高技术产业为"吞金产业"。因此，从某方面来说，想要促进高技术产业的稳定发展就是要源源不断地投入资金。但投资并不是盲目的资金供给，要有重点、分层次的对高技术产业进行资金支持，保证其稳定发展。一般来说主要有三个途径。

(1)传统产业增加投资。这些投资主要用于企业的技术研发与设备改进，逐步淘汰老旧产能，提高企业产品的科技含量与科技附加值。

(2)建立风险投资体系。关于投资风险体系的建立我们可以从两方面入手：首先，政府要建立完善的风险投资与监督机制，通过建立各种保险基金来对高技术投资风险进行保障，鼓励各种资本进入高技术产业；其次，各种金融组织和金融机构应该对相应的风险进行一定的保障，这既能够帮助投资者减小投资的顾虑，又能帮助高技术企业获得资金支持。

(3)鼓励高技术企业彼此之间以及与传统产业之间的投资行为。随着经济一体化进程的不断加快，企业的运用越来越国际化，产业融合在国际贸易中表现出来的优势说明联合经营与跨领域合作是增强国际竞争力的重要途径，而投资所建立的经济联系是将不同企业、不同行业联合起来的最好纽带。

第三节　高技术产业发展的国际比较

一、发达国家的高技术产业发展

（一）美国

美国作为高技术产业最为发达的国家之一，拥有最全面、最

稳定的高技术产业组织体系,这与其最早确立高技术产业发展在经济中的核心地位有直接的关系。美国拥有世界上门类最齐全、水平最顶尖的科研体系,其经费的投入也是规模最大的国家,因此其科研人员的数量、质量以及所产出的科研成果也是世界上最多、质量最好的。美国的高技术产业的起源是国防与军工产品科研。总体来说,美国政府对高技术产业研究与开发工作都持积极的态度,并且很多先进的技术都是从军工产业开始应用并逐渐为人们所接受而转入社会生产领域的,这一点从美国高技术产业的集中领域就能体会到。

美国作为科学技术最发达的国家,政府在其中的引导和鼓励作用功不可没,具体来说,美国政府支持国内高技术产业发展的措施主要是:制定新的科技发展战略和政府政策鼓励和科技领导的高技术产业发展体制,以及将重点科研项目与重点建设与实施项目联合起来。随着科技在经济发展与社会生活中所起的作用越来越大,美国政府不再将重点的科研项目全部与军工项目结合来开展,而是适当地分出一部分与民用经济领域相结合,并且对军工技术的民用推广进行了重点的发展与规划,使得美国的科研成果转化为社会生产成果的速率与效果得到极大的提升。与此同时,美国政府加大了对民用高技术产业的资金投入,使得美国民用高科技产业得到很好的发展,并产生了一大批优秀的高科技产品与成果,为美国经济的发展做出了巨大贡献。

目前来说,美国最先进的高技术产业集中于电子信息技术、航天技术、生物工程技术、新材料技术等。美国的高技术产业发展主要有以下几个特点。

(1)优先支持发展能够促进美国社会及经济发展的高技术行业,这是美国技术发展的一个明显特征。

(2)军事与民事领域的高技术企业拥有最大的发展空间,既能用于军事领域又能带来经济收益的技术必然会受到欢迎与重视。

(3)开展多种形式的产业合作与科技成果转化制度,以政府为媒介,以企业为龙头,带动科学技术向实用化社会生产成果转换,促进美国工业的竞争力。

(二)日本

日本国土面积较小,并且自然资源十分匮乏,但是仍然依靠高技术产业的发展逐渐成为世界经济大国。第二次世界大战后,战败的日本依靠从美国进口的设备和技术,经过自身的研究与创新逐渐形成了自己的技术特色,成为技术出口国的代表。

在日本,从国家层面来说组织起来的具有全国影响力的高技术企业发展方式主要可以分为两种。

(1)通过中央政府支持的高技术科研与项目开发,一般来说有核能、航天、生命科学等核心科学技术。

(2)由地方工业技术员主持的新技术开发活动,就工业生产领域来说日本的大多数科研计划都是由工业设计院来负责的。

日本政府在促进高新技术产业发展上采取的主要措施包括:通过制定高技术产业发展政策与法律制度的结合将高技术产业的发展提升到战略高度;大力扶植高技术产业的进步与发展,比如降低贷款、调低税率以及适当的政府补贴;建立其完善的产业技术创新体系,将产、学、研紧密的结合在一起,加快新技术应用的速率。

从近几年的发展情况来看,日本的科技发展制度有了很大的变化,这种变化体现在科技发展与管理的方方面面,这种调整是针对目前日本的经济与社会发展状况决定的,其内容大多是对原来发展政策的完整与充实。

(三)英国

从分布来看,英国的高技术产业主要集中于信息、航空、航天、生物和新材料这五个领域。英国的高技术产业发展实践比较长,自工业革命以来就一直处于世界领先的地位。总结来说英国发展高技术产业的措施主要包括:大力兴建科技工业园区,将技术研究与工业生产紧密地结合在一起；大力改革科技管理体系与机制，缩短技术创新的周期；大力发展未来工业技术预测与技术研究，从而保持其技术研究与开发的前沿性；全面提升经济发展品质，着力改善经济发展环境；大力培养高素质的工程技术人员，提高工作质量。

就目前的情况来看，英国采取的最主要的高技术产业发展策略就是工业产业园区的合理化运作。关于这一点我们可以从五个方面对其进行诠释。

(1)高校集中了人才储备与科研基础设施完善这两个先天优势，因此学校应该作为技术创新的主阵地。

(2)中小企业是英国发展经济、保障民众生活质量的重要企业门类，资金不足的中小企业在技术创新上应该得到国家的支持与帮助。

(3)工业园区聚集了大批的工业企业，能够形成集聚多种竞争力于一体的产业群。

(4)以项目为导向，以经济利益为驱动才能最大程度的激发企业产业创新与改革的动力。

(5)简化管理程序，提高管理效率在公平的市场竞争环境中发展工业产业园区，凝聚技术优势。

(四)德国

德国向来以严谨的科学态度著称，德国人十分重视技术的发展与创新，尤其是在机械、电子和家用电器、电子产业化方面得到了全世界的认可。20世纪60年代德国制定了发展高技术产业的基本策略，并将重点放在发展机械电子与民用科技上。

德国政府在高技术产业开发中的作用主要是引导，通过激发企业自主创新的活力促进高技术产业的发展。因此，德国在发展高技术产业的过程中民间力量和社会力量是高技术产业发展的核心，这一点从民间资本投入技术创新的比例远远高于政府就能看出来。政府在高技术产业开发过程中所起的作用主要是将不同类型、不同地区的高技术企业串联起来,并通过相应的措施来减少民间投资的风险。

近年来,德国的高技术产业又一次获得了长足的进步,特别是在计算机与信息技术上,已经追上了美国与日本成为新兴技术产业的核心国家。随着21世纪的到来,德国加大了对环保、信息、生物、能源和新材料等五个领域的重视,目前德国的这些新兴技术处于世界顶尖水平。

德国政府促进高技术产业发展的主要措施有以下几个。

(1)通过合理的规划高技术产业,形成了一批极具感染力的高技术产业,带动其他经济部门的技术创新。

(2)国家资金主要用于对中小企业产业技术创新的支持,促进中小企业的发展。

(3)重视科学技术,大力推进新技术的研究与开发,为高技术产业的形成奠定了良好的基础。

(4)创建科技园区,利用高级产业的集群优势来对传统的低技术含量产业进行现代化改造。

(5)大力发展进出口贸易,通过对外投资与出口将高技术产业的发展链延伸到国外,以获取更高的经济利益。

(五)法国

法国也是科技能力很强的发达国家,自从正式确定高技术产业发展战略以来,各届政府都极为重视科学技术的发展,并审时度势采取了适应时代发展的高技术产业发展策略,法国的高技术产业得到迅速的发展。

法国政府在调动产业发展资源上以社会资金发展民用工业,国家将资金重点投向大型工业技术的开发工作,这一措施使得法国的如超音速客机、火箭、超外差收音机等技术处于世界顶尖的水平。但是法国政府并没有及时将这些技术进行民用改进与开发,因此并没有形成经济效益。这也是法国高技术产业发展的一个特点,即高技术并没有带来高收益。

法国政府为了促进高技术产业的发展,采取的措施主要有以下几个。

(1)加大工业研究与开发的力度,在资金、技术以及人员上给予其最大的支持与帮助。

(2)优先发展与实施国家重大技术开发与研究工作,促进国防、军事技术的进步。

(3)鼓励企业创新,鼓励民间资本进入高技术产业改造领域。

(4)实行税收研究经费制,并大力支持科研技术人员自己创办企业。

(六)意大利

总体而言,意大利的高技术产业比较薄弱,主要集中在航空航天、办公自动化、数据处理、电子元器件、医药、科学仪器及电气设备等领域,规模较大的是航空航天、通信与信息产业。建立科技园是意大利政府扶持高技术产业发展的重要措施。但是,意大利科技园区发展较晚,虽然其技术水平处于世界前列,但是与美国、德国等传统技术大国还有一些差距。

二、新兴工业化国家和地区高技术产业的发展

一些新兴工业化国家和地区,尤其是东南亚地区的韩国、新加坡、中国台湾等,已经成为高新技术产品的主要产地。

(一)韩国

20世纪70年代以前,韩国的技术开发与研究活动主要是在高校的科研机构中开展的,20世纪70年代早期韩国开始从国外引进先进的生产技术与设备,但是劳动密集型企业仍然是其发展的主流。20世纪80年代以后,随着发展瓶颈的到来,劳动密集型企业难以为韩国的发展提供足够的支持,因此开展高技术产业成为韩国经济发展的基本策略,并确立了"技术立国"的基本发展

战略。

经过 30 多年的发展,韩国的高技术产业已经形成规模,并打造了三星电子、现代汽车等一批为人们广泛认可的企业。就目前来看,韩国的高技术产业主要集中于微电子技术、机电一体化制度、生物工程技术、光学材料以及航空航天技术等领域。

韩国发展高技术产业的策略主要有以下几个。

(1)科技发展政策以经济发展为核心。

(2)重视科学技术的发展,确立"科技立国"战略。

(3)注重技术的实用性,为韩国企业在世界市场上竞争力的提高具有重要的作用。

(二)新加坡

新加坡国土面积很小,并且缺乏各种资源,因此只有依靠科技才能创造出满足社会需求的财务。新加坡在 20 世纪 60 年代开始引进新技术,并通过研究与创新逐步形成了自身的经济特点。新加坡的高技术产业主要集中在旅游、金融、邮电等方面,这是由新加坡的基本国情所决定的。

新加坡政府重视发展高技术产业的措施主要有以下几个。

(1)将科技作为国家的根本性的经济发展策略。

(2)提高高技术产品在出口产品中的比例,提高进出口产品的质量,从而保证经济的稳定增长。

(3)利用自己有利的位置,大力发展交通运输产业,研究与开发现代信息管理体系,保证企业经济的平稳发展。

目前,新加坡虽然建立起独立完善的科学研究体系,但是与西方的传统国家相比还是存在一定的差距,新加坡将继续发展高技术产业的发展与研究并在现有基础上进一步发展本国的科学技术能力,其目标是要在那些与新加坡竞争能力相适应、能刺激高附加值产业发展的领域中,建成世界级的科学技术基地。这个目标的实现将使新加坡保持经济活力,在 21 世纪发展成为先进的经济实体。

(三)中国台湾

台湾高技术产业是从20世纪70年代末期开始发展起来的,与其他的新兴技术国家一样,台湾地区的高科技产业发展也是以这个方式开始的,并在发展过程中进行了多次调整与修改。

20世纪50年代到70年代初,台湾主要以引进技术为主,通过对技术的再加工来发展自己的经济。产业政策的核心是技术引进,通过对引进技术的消化、吸收来发展加工出口工业。20世纪80年代,随着发展瓶颈的到来,单纯的依靠产品数量很难再获取利润,因此台湾将产业发展的重点集中到高技术产业的发展之中。

在几十年的发展过程中,台湾逐渐形成了以集成电路、电脑及外设、通信、光电、精密机械、生物技术等六大支柱产业为核心的高技术产业集群,成为重要高技术产业集中区。

中国台湾发展高技术产业的措施主要有以下几个。

(1)积极借鉴了美国、日本以及韩国的发展经验,以政府为主导逐步建立了产、学、研相结合的高新技术发展策略。

(2)充分调动社会资金参与到高新技术开发之中。

(3)大力发展高等教育,培养高新技术人才,并完善高校的高新技术研发机制。

三、发展中国家的高技术产业发展

(一)拉美国家

拉美国家是第三世界的重要经济力量,同时也是第三世界经济发展程度最高的地区。拉美国家工业化开始的时间普遍较早,就目前来说这一地区主要的经济工业国——巴西、墨西哥、阿根廷都已经具备了完整的经济体系与工业发展体系,从发展水平上来说与韩国、新加坡相当。以这三个国家为代表的拉美国家推进的基本产业政策是,以国内生产代替商品进口,引进技术对国内的传统工业部门进行升级和改造。

在经济发展策略的选择上,拉美国家将国内急需的技术作为技术引进的重点,优先提升内需工业产业部门的技术水准和生产能力。我们可以以巴西为例来对这一特点进行说明,巴西将技术引进的重点放在矿业与农业生产领域,这使得巴西国内生产的基础工业领域处于世界先进行列。就大多数拉美等发展水平的国家而言,缺乏资金与基础设施劣势使他们大多数选择引进劳动密集型产业来提高劳动者的收入。

拉美地区的技术引进主要是通过跨国贸易和跨国公司完成的。国际贸易和跨国公司对拉美国家的技术输出主要集中在两个领域,即制造领域与自然资源开发利用领域。20世纪70年代之后,在第三次科技革命的影响下生产力水平迅速提高,人们对物质产品的需求也不断增加,这一时期拉美国家的制造业得到了迅速的发展,很多现金的制造工业与制造技术也是在这一时期流入拉美地区的。

巴西鼓励国外企业到巴西投资,并且不对这些企业设置关卡,但对工业技术以及本国工人的劳务合同格外的重视。在这种政策的推动下,大批的国外企业来到巴西进行投资,巴西也依靠这些企业获得了一批先进的生产技术,带动了整个社会的经济产业结构升级。

墨西哥的发展特点是鼓励国外的企业在墨西哥国内对产品进行组装,并在墨西哥组织销售,这样就可以最大化利用外国技术人员对墨西哥本国的劳动者进行培训,提高墨西哥工人的技术能力。

拉美的一些经济发展较好的国家,迎接技术挑战时普遍比较依赖国外技术的引进,并且他们更愿意通过技术合作的形式来提高自身的技术水准。这种发展策略能够起到立竿见影的效果,对于技术基础薄弱的发展中国家不失为一种值得借鉴的经济发展策略。但是我们同时也应该看到,这种技术引进的策略难以获得核心的产业技术,因此在采取这种技术引进策略的同时也不能加强本国自身的技术开发与研究。

(二)印度

印度人口众多,与我国一样是一个总体生活水平并不富裕的发展中国家,但印度政府十分重视高技术产业的发展与先进技术的引进,并将其作为强国富民的基础。印度高新技术引进与高技术产业发展的最大特点就是国家元首挂帅,由技术专家组成的高级决策机构共同管理。印度高技术活动的管理模式为宏观计划下的产业部门负责制,总的来说我们可以将高技术产业分为两个基本层次,中央联邦政府层级和地方联邦层级,这两个层级的科技管理部门相互合作、相互促进,为印度的高技术产业发展做出了巨大的贡献。

政府的重视带来的是资金上的支持和政策上的倾斜,这两方面的支持使得印度的高技术产业得到了迅速的发展。目前印度的原子能技术、计算机技术以及空间开发等处于世界先进水平。20世纪80年代之后,印度根据世界科技的发展形式和本国国情,将原子能、空间技术、计算机及软件、生物技术等作为重点发展的科技领域,经过了30多年的投入和发展之后已经取得了不少世界先进的技术专利,并且形成了以软件开发产业为代表的高技术产业群。

印政府特别重视生物技术成果向工业化生产的转化,并开始重视保护知识产权。印度与法国、德国、以色列、日本、美国、英国等十几个国家,在基因工程、生物医学、生物农药、植物组织培养、分子生物学等领域,建立了政府、研究机构或企业之间较为密切的交流与合作关系。

四、国外高技术产业发展的经验及对我国的启示

总的看来,我国高技术产业虽然在发展中国家处于先列,也

有一部分处于世界领先的水平,但是总的来说无论是我国高技术产业的规模还是品质都与发达国家有所差距。因此,我国要在独立发展技术产业的同时积极吸收其他国家的发展经验,不断发展和完善我国的高技术产业体系。

(一)充分发挥政府的作用

在美国、日本、新加坡、印度等国家的高技术产业发展中,政府都发挥了十分重要的作用。因此,我国也要根据国情充分发挥政府在促进高技术产业发展中的作用,不仅要为高技术产业的发展提供资金、政策等方面的支持,还要抓住经济这个发展核心,为高新技术产业的发展提供良好的硬件环境和软件环境。在制定高新技术发展策略的过程中,要按照"有所为,有所不为"的基本战略指导思想,将高技术产业的发展重点放在技术的创新上。在政策支持与环境营造上,我国政府加强对技术专利和知识产权的保护,维护技术发明与创新的合法权利;通过税收政策以及相关激烈措施增强高新技术产业的发展信心,拓展与简化高技术企业融资、筹资的渠道,让资金成为高技术产业发展的催化剂与推动力。

(二)重视中小型高技术企业的发展

高技术产业的发展,对于员工素质的要求比较高,如果企业的高新技术开发没有智力资源的支持,那么其必然面临的结果是失败。在高技术产业发展的过程中,还要注重知识的资本化以及创新的个体化,这对中小企业以及民营企业提出了较高的要求。纵观各国的高技术产业发展,无论是发达国家还是新兴的工业国家,他们都十分重视中小企业发展领域对高技术产业的支持。在我国的企业构成中,中小企业所占的比例很高,这些中小型的高技术企业在我国的经济发展中发挥着不可替代的作用,极大地促进了我国经济发展并为社会就业提供了充足的推动力,如北大方正、清华同方、华为科技、联想集团、远大集团、四通集团等新兴的高技术企业,这些企业的科技创新起步较早,经过十几年的发展形成了一套自己的科技创新体系与创新理论。就在高技术产业的发展过程中,企业的规模和实力随着技术创新起步,并随着技术创新体系的发展而发展,因此在提升小企业发展质量的过程中,我们应该着重抓技术创新。

在发展过程中国家应该根据中小型高技术企业各自的发展特点和发展环境对其给予不同的支持,比如资金缺乏的企业提供贷款贴息、无偿援助等不同形式的资金援助。

贷款贴息:企业向银行所申请的贷款,政府可以通过政策福利对企业的贷款给予50%~100%等不同程度的帮助。

无偿资助:无偿资助主要是指中小企业在进行高新技术创新与研发的过程中,对资金需求较大的项目进行必要的补助,可以是资金上的补助也可以是技术上的支持与人力资源的支持。

资本金投入:对于一部分研究经费高、创新难度大,但具有广泛发展前景的项目,应该给予必要的支持,否则企业会因为难以支付高昂的科研成本而不得不放弃该项目。

(三)想方设法培养人才、吸引人才、留住人才

人才是科技创新的关键,如果没有足够的人才基础,那么创新只是一纸空谈根本不可能实现,从国外高技术产业发展的状况来看,情况也是如此。正是众多优秀的高技术科研人才使得国外的高新技术产业迅猛发展。但是就目前的情况来看,虽然我国在科技创新领域取得了一定的成就,但是大量的科技人才外流使我国科技发展水平整体滞后于西方国家,对此我们必须要引起重视,采取相应的措施来留住并吸引人才。除了大量科技人才外流之外,一些高技术跨国企业,如微软、英特尔等还在国内设置了科研机构,以优渥的待遇吸引国内的人才。遍观我国当前的高技术产业,90%以上的企业对高新技术人才的吸引力不够,造成了高技术人才的外流和"内流"。另外,从社会政策层面来说,因为我国由计划经济向市场经济转型实践较短,因此还没有完成整个转

型的过程,由于体制的束缚很多高技术人才的特长在国内的环境中很难得到真正的发挥,这也为我们提供了一个留住人才的思路。

我国人才战略的核心任务应是创造吸引和留住人才的环境。着重为包括技术人才和经营人才在内的各种专业人才各展所长创造适宜的环境,对有突出贡献的科技精英提供优厚的物质和生活待遇,创造良好的研究、开发、创新条件和环境,并在制度和机制上加以保证,以吸引大量的海外留学人员回国创业。同时,还要改革现行的教育体制,培养适应时代需求和满足高技术产业发展需要的大批人才。

第四节 战略性新兴产业及其发展

一、战略性新兴产业的内涵及相关产业领域

(一)战略性新兴产业的内涵

战略性新兴产业是今后我国要着力发展的产业方向,由于这些产业的立足点是新兴的市场需求,因此这些产业普遍有着很好的发展前景。具体来说,战略性新兴产业是指以重大技术突破和重大发展需求为基础,对未来经济社会发展、产业结构优化升级和长远发展具有重大引领带动作用,知识技术密集、物质资源消耗少、成长潜力大、综合效益好,具有全局性、长远性、导向性和动态性特征的新兴产业。

全局性战略性新兴产业具有光明的发展前途,其发展不仅能够带动相关产业的发展,为经济的发展提供动力,而且还能够带动我国产业结构的调整和升级,为我国各个产业的升级改造提供范例,从这方面来说,高新技术产业对于社会发展也具有非常强

的推动作用。

长远性是指战略性新兴产业是一种面向未来、定位于未来市场需求的产业,其发展具有时代性和前沿性,并且在企业发展过程中所形成的技术专利能够带动相关产业的发展,极大的繁荣市场经济。

导向性是指战略性新兴产业的发展策略和发展方向,能够反映出政府对未来经济发展的基本预期。根据高技术产业的发展状况,可以对未来一段时间内的经济走向、资金政策等发展要素进行评估。

动态性是指战略性新兴产业不是一成不变的,它会随着生产力的发展和生产关系的调整而发生变化。充分认识到高技术产业的这一基本特点,能够帮助企业更好地适应环境、人口、资源等发展因素变化给企业所造成的影响。

(二)战略性新兴产业的选择和相关产业领域

选择战略性新兴产业的依据有三个基本要求。
(1)产品要有稳定并有发展前景的市场需求。
(2)要有良好的经济技术效益。
(3)要能带动一批产业的兴起。

我国战略型新兴产业包括七大领域和各个细分方向。这七大领域包括:节能环保、新一代信息技术、生物、高端装备制造、新能源、新材料和新能源汽车。各领域细分方向:节能环保领域分为高效节能、先进环保、循环利用;新一代信息技术领域分为下一代信息网络、电子信息核心基础产业、新兴信息服务;生物领域分为生物医学工程产品、生物医药、生物农业、生物制造;高端装备制造领域分为以干支线为主的航空装备、卫星及应用、轨道交通装备、海洋工程装备、高端智能与基础制造装备;新能源领域分为新一代核能、太阳能、风能、生物质能;新材料领域分为新型功能材料、先进结构材料、高性能复合材料;新能源汽车领域分为插电式混合动力汽车、纯电动汽车。我国确定的七大战略性新兴产业中,节能环保、新一代信息产业、生物、高端制造业将率先成为支柱性产业。

二、战略性新兴产业的发展目标

根据我国于2010年9月通过的《国务院关于加快培育和发展战略性新兴产业的决定》,我国已经确立了战略型新兴产业的分阶段发展目标。我国计划用20年时间,使节能环保、新一代信息技术等七大战略性新兴产业的整体创新能力和产业发展水平达到世界先进水平,为经济社会可持续发展提供强有力的支撑。根据战略性新兴产业的特征,立足我国国情和科技、产业基础,现阶段应重点培育和发展节能环保、新一代信息技术、生物、高端装备制造、新能源、新材料、新能源汽车等产业。

我国战略性新兴产业发展分三个阶段。

第一阶段,到2015年,战略性新兴产业形成健康发展、协调推进的基本格局,对产业升级的作用显著增强,增加值占国内生产总值的比重达到8%左右。

第二阶段,到2020年,战略性新兴产业的增加值占国内生产总值的比重达到15%左右,吸纳、带动就业能力显著提高。建成一批产业链完善、创新能力强、特色鲜明的战略性新兴产业集聚区。

第三阶段,到2030年,战略性新兴产业的整体创新能力和产业发展水平达到世界先进水平,为经济社会可持续发展提供强有力的支撑。今后10年中国的经济发展方式、产业结构将发生重大转变。

为支持战略性新兴产业发展,我国将建立部际协调机制。即要建立健全创新药物、新能源、资源性产品价格形成机制和税费调节机制;实施新能源配额制,落实新能源发电保障收购制度;加快建立生产者责任延伸制度,建立和完善主要污染物和碳排放交易制度等。

三、战略性新兴产业发展的基本原则

(一)坚持充分发挥市场的基础性作用与政府引导推动相结合

要充分发挥我国市场需求巨大的优势,创新和转变消费模式,营造良好的市场环境,调动企业主体的积极性,推进产学研用相结合。同时,对关系经济社会发展全局的重要领域和关键环节,要发挥政府的规划引导、政策激励和组织协调作用。

(二)坚持科技创新与实现产业化相结合

要切实完善体制机制,大幅度提升自主创新能力,着力推进原始创新,大力增强集成创新和联合攻关,积极参与国际分工合作,加强引进消化吸收再创新,充分利用全球创新资源,突破一批关键核心技术,掌握相关知识产权。同时,要加大政策支持和协调指导力度,造就并充分发挥高素质人才队伍的作用,加速创新成果转化,促进产业化进程。

(三)坚持整体推进与重点领域跨越发展相结合

要对发展战略性新兴产业进行统筹规划、系统布局,明确发展时序,促进协调发展。同时,要选择最有基础和条件的领域作为突破口,重点推进,大力培育产业集群,促进优势区域率先发展。

(四)坚持提升国民经济长远竞争力与支撑当前发展相结合

要着眼长远,把握科技和产业发展新方向,对重大前沿性领域及早部署,积极培育先导产业。同时,要立足当前,推进对缓解经济社会发展瓶颈制约具有重大作用的相关产业较快发展,推动高技术产业健康发展,带动传统产业转型升级,加快形成支柱产业。

第八章　全球价值链视角下绍兴纺织产业升级实例分析

绍兴纺织业已经形成了完整、配套协作的产业体系,构成了一个产业链条比较完整、业内各子集群区域分布比较集中、龙头企业不断发展壮大的产业集群。本章通过对绍兴纺织产业发展历程、现状、主要问题以及出口现状与实证等方面内容的深入剖析,最后提出基于全球价值链视角下的绍兴纺织产业升级的路径,为政府支持该产业转型升级提供相应对策和建议。

第一节　绍兴纺织产业发展历程与现状分析

在全球金融危机过后,欧洲国家主权债务危机、美国政府信用被降级又使世界经济笼罩了阴霾。目前世界经济发展总体放缓,我国国际地位和经济影响力逐步上升,我国经济的稳定增长对世界经济有积极作用。同时,人民币国际化步伐加快并不断取得新的进展,人民币升值市场预期较强,对纺织产业的发展与转型升级提供了契机与挑战。

浙江自古就有"丝绸之府"的美誉,是我国纺织品的生产大省和出口大省。纺织工业一直占据浙江制造业的首位,具备较强的国内和国际竞争力。囿于产业结构和增长方式不合理、品牌建设薄弱、自主创新不足等,浙江纺织业处于全球价值链的低端,抗风险能力也相对较弱。加快转型升级,优化产业结构,提高纺织业的自主创新能力,迫在眉睫。绍兴市纺织工业的从业人员数、销售收入、外贸出口额与利润额在全省均占较大的比重,在浙江省最具典型意义。

目前,在国内较大的通胀压力与流动性不足共存,国际经济形势不容乐观的背景下,绍兴纺织中小企业面临很多困境:一是出口环境恶化。国际经济复苏缓慢,欧债危机,出口面临更多的贸易保护壁垒;美国不断实行量化宽松政策,提出"再制造业化"目标,对中国制造业出口造成挤压。二是生产经营成本上升。劳动力成本、原材料价格上涨和人民币升值多种因素交织,导致利润率降低。三是流动性不足。自2010年以来,央行连续12次调高法定准备金率,2次上调利率,2011年末及2012年初2次下调法定存款准备金率,目前为20.5%。中国中小企业遭遇宏观紧缩政策,常规渠道融资难,民间借贷利率逐步攀高,使融资雪上加霜。

随着人民币国际化的进程加快了步伐,人民币汇率面临较大的升值预期,绍兴市基于出口导向型的纺织产业经济发展模式面临了更多的机遇与挑战。由于绍兴中小纺织企业大多处于价值链最低端的加工制造环节,在推进人民币和中小企业国际化中,中小企业面临巨大转型升级压力。

一、绍兴纺织产业的发展历程

绍兴地处浙江东北部,北邻杭州湾,西濒杭州市,东接宁波港,面积8 279平方千米,人口491.22万(2010年)。沪甬铁路、杭甬高速公路、104国道、浙东大运河横贯东西,离宁波港150千米,距杭州萧山国际机场28千米,交通便捷。历代名人荟萃,代有人杰。素有"江南明珠""丝绸之府""文化之邦""名士之乡"之美誉。

纺织业是绍兴市传统产业,唐朝时期即有"日出万丈绸"之盛况。改革开放以来,该市大力发展以乡镇企业为主的纺织产业,造就了一个庞大的产业集群。尤以该市绍兴县为最,人称其是

"托在一块布上的经济强县"。2009年底,全市规模以上纺织产业实现产值1 311亿元,占全县的64.5%;销售1 284亿元,占全县的64.7%;利润44亿元,占全县的57.4%;自营出口56亿美元,占全县的93.1%。2009年,年产各类化纤、面料、印染布分别为243万吨、56亿米、156亿米,分别约占全国产量的10%、9%、30%,产业规模在全省乃至全国都占据重要地位。依托纺织产业聚集而发展起来的中国轻纺城,2009年成交总额708亿元,同比增长11.5%。其中面料市场391.5亿元,同比增长10.9%;原料市场316.5亿元,同比增长12.3%。绍兴成为中国乃至亚洲最大的纺织品集散地。目前,以绍兴县城柯桥为核心、方圆30平方千米内,一个囊括PTA、化纤、织造、印染、服装、家纺、经编、纺织机械及纺织软件的产业集群体系已经形成,如图8-1所示。

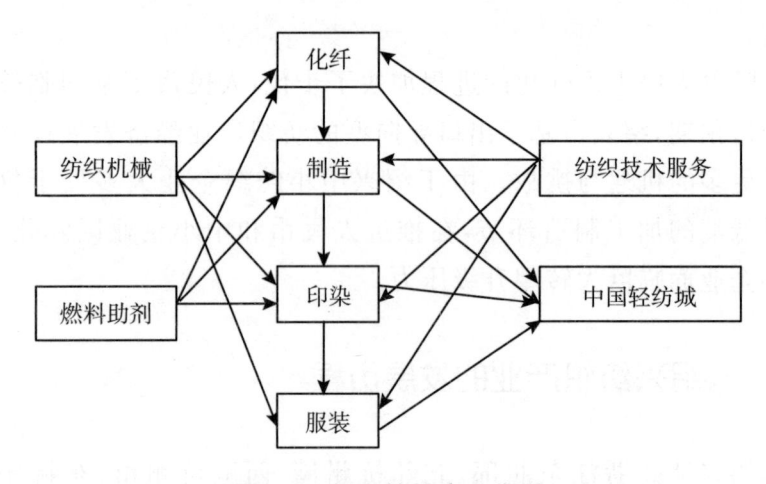

图8-1 绍兴纺织产业集群

绍兴市纺织产业集群的形成和发展大概经历了五个阶段:

(一)第一阶段:20世纪80年代初期,化纤纺织的崛起

20世纪80年代以前,由于纺织工业原料受计划经济束缚,乡镇纺织工业发展缓慢。20世纪80年代初,化纤原料不受国家计划限制,加上当时的化纤布料十分走俏,绍兴市乡镇纺织工业迅速崛起,经过几年努力,以化纤面料为主的纺织工业已经形成了

一定的规模,纺织品产量从1978年的784万米迅速增加到1986年的27 229万米,短短9年产量增加了34倍。

(二)第二阶段:20世纪80年代中期到20世纪90年代初期,配套专业市场的诞生与发展

绍兴市抓住纺织工业化纤崛起机遇,在短时期内培养了巨大的纺织市场。由于当时销售市场不畅,1987年,出现了"增产不增收"的尴尬局面,随后一种"前店后厂"的模式迅速在一些乡镇铺开,1988年10月1日正式成立柯桥轻纺市场,通过短短几年,迅速演变成了亚洲最大的化纤面料专业市场,辐射全国,在全国首开了以市场促产业的先河,产业集群优势得以充分体现。

(三)第三阶段:20世纪90年代初到20世纪90年代末,体制、硬件与国际接轨阶段

适应现代企业发展的要求,绍兴市于1992年和1998年分别进行了乡镇企业改革和股份制改造,给企业注入新的活力。在改革开放高潮兴起之时,大量进口布料充斥轻纺市场。面对国外的冲击,绍兴市以GK615等20世纪70年代织机为主的纺织工业处处受挤,产品大量积压,全市纺织工业受到沉重打击。在这种背景下,全市上下发动了一场"无梭化"革命,1995年引进的无梭织机比上年得到了大幅度增长,历经4年,到1998年,仅绍兴县无梭织机就已达19 546台,无梭化率达到44.1%。纺织技术装备一下子提高到了以20世纪90年代设备为主的水平,与国内平均水平相比,具有相当优势。

(四)第四阶段:20世纪90年代末到2007年,配套完善,开拓国际市场阶段

该阶段主要致力于发挥纺织业现有生产设备能力,对现有项目进行填平补齐和配套完善,以尽可能发挥设备效能。1998年东南亚金融风波和内需不足,使得当时的纺织业形势惨淡,全市的纺织工业受到沉重打击,绍兴县的GDP增长也降12.2%。1999

年,经过多方论证,一场以"双开"为内容的战略开始实施,经济工作重心转向外向型经济,外贸出口取得了突飞猛进的成绩。2002年末,绍兴自营出口14.6亿美元,比1998年增长了14倍,纺织品自营出口超过了12亿美元,外销率达到了37.8%,在国内纺织行业并不景气的情况下,绍兴县的纺织工业再次创造了辉煌。

(五)第五阶段:2008年至今,是强化创新,转型升级阶段

这一阶段绍兴纺织产业集群已经发展到了较为成熟的阶段,在国内外经济形势驱动下,绍兴县纺织产业集群加强了变革创新的步伐。以纺织块状产业转型升级为契机,坚持纺织产业、轻纺市场、柯桥新县城三者联动,全力打造"国际性纺织制造中心、国际性纺织贸易中心、国际性纺织创意中心",倾心尽力构筑现代产业体系。2009年8月,首批入驻纺织创意中心企业18家,其中纺织服装设计研发机构10家、纺织印染及节能软件开发公司7家、综合性互联网公司1家,注册资金近2 000万元。产业集群转型升级示范区建设试点成效显著,成功创建为国家新型工业化纺织印染产业示范基地,被国家科技部批准为国家火炬计划绍兴纺织设备特色产业地,滨海工业区被评为全国首个绿色印染研发生产基地,同时又新增3个"纺织特色名镇"。轻纺市场拉动明显,全年新增市场经营户1 763家,新增国(境)外企业常驻代表机构和外商投资商业企业179家,实现成交额707亿元,增长11.6%。

二、绍兴纺织产业现状

"中国纺织看浙江,浙江纺织在绍兴",绍兴是名副其实的纺织大市,纺织产业作为绍兴的传统优势产业和主导产业,占了绍兴经济的"半壁江山"。

(一)绍兴纺织产业集群结构概况

目前,绍兴纺织产业集群已经发展成为一个复杂而有序的多

第八章 全球价值链视角下绍兴纺织产业升级实例分析

层次网络系统结构,如图 8-2 所示。

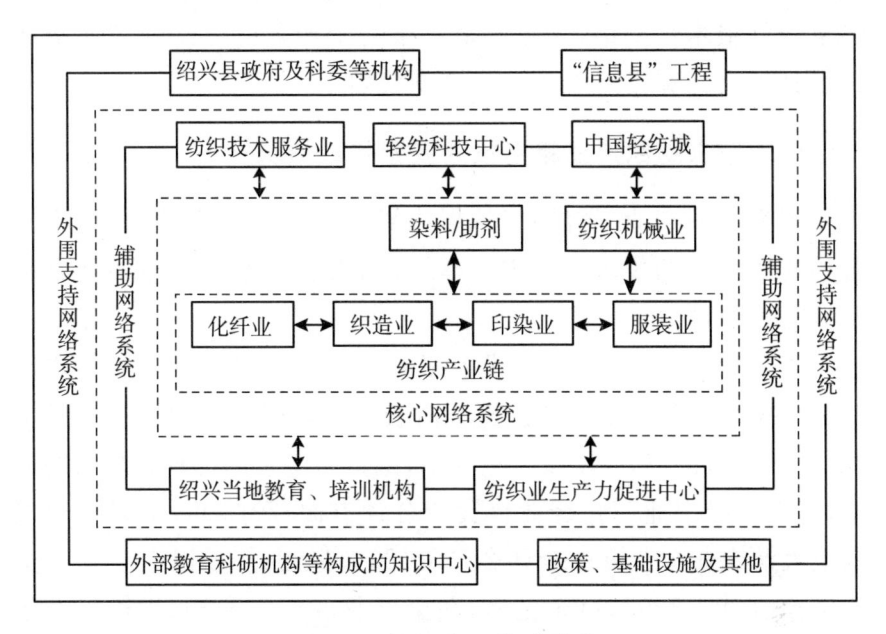

图 8-2 纺织产业集群结构

图 8-2 较为完整地刻画了绍兴纺织产业集群网络结构,绍兴纺织产业集群网络由核心网络系统、辅助网络系统和外围网络系统所组成。核心网络是集群基本的结构网络,辅助网络和外围网络是利益竞争机制下形成的配套网络,随着竞争的不断发展将不断地变化和完善。以轻纺城为例,轻纺城是纺织产品的分销中心,是集群整体议价利益、信息共享利益等相关利益竞争的产物。随着电子商务的发展,在虚拟市场利益竞争驱动下,网上轻纺城应运而生。网上轻纺城并不纯粹是一个网站。概括来说,一个主体平台——网上轻纺城;两套辅助系统——全球纺织网轻纺城市场专区、中国轻纺城市场电子触摸屏系统;三大服务中心——中国轻纺城信息服务中心、中国轻纺城电子商务应用培训中心、中国轻纺城样品展示中心,实现了现实与虚拟市场联动发展。核心网络主要包括化纤业、纺织业(包含印染业)和服装业。绍兴县规模以上纺织业实现产值 1 221 亿多元,同比增长 27%;利润 52 亿多元,增长 43.7%,其中化纤、织造、印染行业利润增幅分别高达

55.9%、49.6%、28.9%。核心网络是绍兴纺织产业集群竞争优势来源的根本性网络,实际上是一条纺织产业链。纺织产业链在绍兴县的聚集和发展形成纺织产业集群。

(二)绍兴纺织产业集群投入要素构成情况

绍兴纺织产业集群网络从形成雏形到不断发展壮大,离不开各种资源要素的投入。其中资本、劳动力和技术等关键要素更是其核心组成部分。

表8-1和表8-2分别描述了绍兴市纺织各主要子行业的资产和劳动投入量及其相应的比例。由表可知,近年来,绍兴纺织各主要子行业的资产和劳动投入量在浙江省,乃至全国都具有相当的分量,特别是纺织业和化纤业。资产合计方面,2012年,绍兴市规模以上大纺织业企业资产合计2 726.120 3亿元;规模以上纺织业企业资产合计1 789.911 1亿元,在全行业占66%份额;规模以上服装业企业资产合计284.028 2亿元,在全行业占10%份额;规模以上化纤业企业资产合计652.181亿元,在全行业占24%份额。

表8-1 近年绍兴市大纺织各子行业资产合计及其比重

单位:万元

年份	资产总计	纺织业 资产	比重	服装业 资产	比重	化纤业 资产	比重
2001	4 398 397	3 218 652	0.73	420 088	0.10	759 657	0.17
2002	5 611 252	4 324 378	0.77	507 219	0.09	779 655	0.14
2003	8 293 500	6 538 485	0.79	716 005	0.09	1 039 010	0.13
2004	11 110 221	8 554 687	0.77	616 077	0.06	1 939 457	0.17
2005	13 739 368	10 141 288	0.74	918 240	0.07	2 679 840	0.20
2006	14 742 802	11 005 897	0.75	1 016 229	0.07	2 720 676	0.18
2007	18 044 613	13 256 904	0.73	1 414 466	0.08	3 373 243	0.19
2008	20 500 002	14 862 611	0.73	1 236 093	0.06	4 401 298	0.21
2009	21 812 267	16 050 229	0.74	1 768 609	0.08	4 293 429	0.20
2010	24 434 236	17 474 923	0.72	1 692 562	0.07	5 266 751	0.22
2011	24 902 973	17 715 664	0.71	1 519 893	0.06	5 667 416	0.23
2012	27 261 203	17 899 111	0.66	2 840 282	0.10	6 521 810	0.24

第八章　全球价值链视角下绍兴纺织产业升级实例分析

表 8-2　近年绍兴市大纺织各子行业年职工平均数及其比重

单位：人

年份	全行业职工年均人数	纺织业 年均人	比重	服装业 年均人	比重	化纤业 年均人	比重
2001	249 605	182 900	0.73	54 889	0.22	11 816	0.05
2002	263 593	196 545	0.75	55 676	0.21	11 372	0.04
2003	299 248	222 993	0.75	62 806	0.21	13 449	0.04
2004	379 674	292 766	0.77	67 965	0.18	18 943	0.05
2005	391 884	292 169	0.75	77 200	0.20	22 515	0.06
2006	407 076	301 482	0.74	83 314	0.20	22 280	0.05
2007	437 402	321 180	0.73	91 487	0.21	24 735	0.06
2008	431 697	327 909	0.76	75 133	0.17	28 655	0.07
2009	420 798	319 567	0.76	75 429	0.18	25 802	0.06
2010	426 953	321 976	0.75	75 092	0.18	29 885	0.07
2011	381 260	297 104	0.78	50 946	0.13	33 210	0.09
2012	372 601	258 830	0.69	77 851	0.21	35 920	0.10

在就业人数方面，2012年，绍兴市规模以上大纺织业全行业职工年均人数为372 601人；规模以上纺织业企业职工年均人数为258 830人，在全行业占69%份额；规模以上服装业企业职工年均人数为77 851人，在全行业占21%份额；规模以上化纤业企业职工年均人数为35 920人，在全行业占10%份额。

技术设备投入方面，1995年前后发起的"无梭化"革命，是绍兴纺织历史上一次脱胎换骨的变革。3年中共淘汰4万多台有梭织机，引进了2万多台无梭织机，使无梭化率达到50%以上，走过了国外需要二三十年才能完成的织机无梭化历程，绍兴的纺织技术装备水平一下子达到90年代中期世界发达国家水平。目前全市已拥有无梭织机3万多台，形成了无梭织机占全国1/6的绝对优势，织造设备的先进性国内外首屈一指。与之相配套的化纤、印染、服装也引进了大量先进设备，进口设备比例接近60%，形成了织造为核心的一条龙专业化生产格局。在产品开发能力上，绍兴纺织业从应用CAD技术入手，广泛采用信息化技术，产品开发从原来"三天出小样,五天上批量,七天进市场",进一步提升为"三分钟出小样,三天上市场",大大缩短了产品开发时间。质量档次上,积极应用新技术、新工艺、新原料,开发新产品。从原来的低档次的涤纶布到现在的仿毛、仿丝、仿麻等仿天然织物,逼真度和服用性能大大改观,极大地提高了绍兴纺织产品在国内外市场中的竞争力。

(三)绍兴纺织业产品销售收入

产品销售收入作为被市场承认的要素资源结合体,绍兴市纺织产业在市场中占有相当重要的地位,显示出强大的竞争优势。如表8-3所示。

表8-3　2000—2011年绍兴市纺织业销售收入及其比重

单位:万元

年份	全行业总收入	纺织业收入	比重	服装业收入	比重	化纤业收入	比重
2001	5 672 384	4 163 970	0.73	807 099	0.14	701 315	0.12
2002	7 052 092	5 306 591	0.75	876 808	0.12	868 693	0.12
2003	9 062 103	6 829 794	0.75	1 045 704	0.12	1 186 605	0.13
2004	12 222 755	9 167 484	0.75	1 035 413	0.08	2 019 858	0.17
2005	15 232 433	10 965 754	0.72	1 423 829	0.09	2 842 850	0.19
2006	17 372 803	12 198 348	0.70	1 646 558	0.09	3 527 897	0.20
2007	20 863 436	14 707 223	0.70	1 946 901	0.09	4 209 312	0.20
2008	22 157 980	15 410 286	0.70	1 753 192	0.08	4 994 502	0.23
2009	22 507 417	16 202 441	0.72	1 903 619	0.08	4 401 357	0.20
2010	26 652 054	18 520 260	0.69	2 162 493	0.08	5 969 301	0.22
2011	29 580 299	20 094 575	0.68	1 854 843	0.06	7 630 881	0.26
2012	32 036 807	20 813 583	0.65	3 335 915	0.10	7 887 309	0.25

(四)绍兴纺织产业集群经济收益率表现

销售收益率可以综合体现产业集群在市场竞争中所处的地位,反应产业具备的优劣势,是一种短期效应指标,为产业集群年度利税总额与年度销售产值之比。

图 8-3 描述了 2001—2012 年绍兴市纺织产业销售收益率变化情况,由图 8-3 可以看出,就整体而言,除个别年份(2002、2007)外,绍兴市纺织业销售收益率呈逐年下降趋势,特别是在 2002—2004 年间急剧下降,其后各年份下降平缓,渐趋平稳常态。从图形可以明显看出,在 2007 年,绍兴市纺织产业销售收益率有所反弹,而这正值国内外经济问题严峻的时期,在这样环境下,收益率反而上升,体现集群自适应调节机制的优势。另外,可注意到 2008 年的收益率均低于前、后两年,说明受全球金融危机影响,绍兴市纺织产业销售收益率受到严重冲击,说明绍兴纺织产业开放程度较高,已全面融入全球产业价值链。总之,下图反映了绍兴市纺织产业高度竞争、人民币汇率持续升值等因素引致产业收益率的下降,另一方面反映出绍兴市纺织产业集群高度竞争所带来的价格竞争优势。

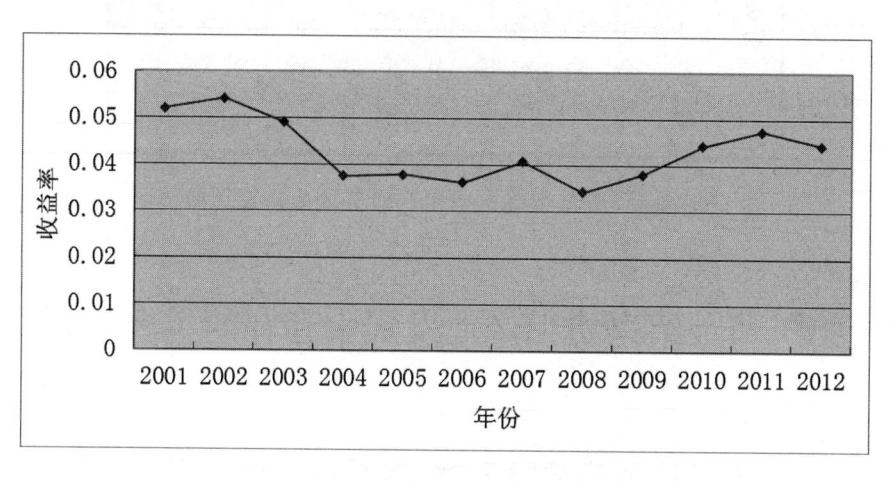

图 8-3 绍兴纺织产业销售收益率比较

(五)绍兴纺织产业集群劳动生产率表现

集群竞争优势度量问题,生产率一直是个公认的,比较有意义的指标,波特在其经典著作《国家竞争优势》中就经常强调生产率的重要性。生产率是指在竞争中以尽可能少的投入获得尽可能多的产出,即正确地做事,从方式方面衡量集群的竞争优势,是一种长期效应指标。这里为集群年度工业增加值与职工年均人数之比。

图 8-4 描述了 2001—2012 年绍兴市纺织产业劳动生产率变化情况。从图 8-4 中可以明显看出,绍兴市纺织产业劳动生产率呈持续上升的态势。2001 年,绍兴市纺织产业劳动生产率仅为 23.449 万元/人,但到了 2012 年,劳动生产率则已上升到 100 万元/人,上升高达 300%以上。

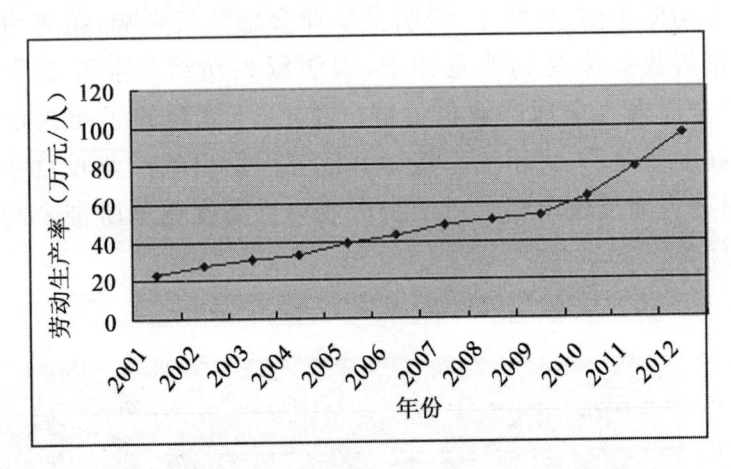

图 8-4 历年绍兴市纺织产业劳动生产率比较

第二节 绍兴纺织产业发展中存在的主要问题

一、出口退税的频繁调整,给绍兴市纺织产业集群的发展带来了巨大的挑战

出口退税是指一个国家或地区对已报关离境的出口货物,由税务机关根据本国税法规定,将其在出口前生产和流通各环节已经缴纳的国内增值税或消费税等间接税款,退还给出口企业的一项税收制度。其主要目的在于增强国内产品的国际竞争力。我

国是世界上纺织品第一生产大国和出口大国,纺织品出口退税问题一直是个热门问题,相关政策调整相当频繁。自1997年金融危机以来,我国纺织品出口退税主要经历了以下几个阶段。

阶段一,1998年1月到2004年1月。这阶段国家纺织品出口退税政策进行了4次调整,加大纺织品出口退税率,目的在于应对金融危机的影响,扩大出口。

具体来说1998年1月,国家将纺织服装出口退税率由6%上调至11%;1999年1月,又将出口退税率由11%上调至13%;同年7月,出口退税率由13%上调至15%;2001年7月,国家将棉纱、棉布、棉制产品出口退税率由15%上调至17%。

阶段二,2004年1月至2008年8月。这阶段国家对纺织品出口退税率采用下调政策,目的在于增加财政收入,减少贸易摩擦,提高出口质量。具体来说共进行了两次调整,2004年7月,纺织品服装出口退税率由15%、17%下调至13%,出口退税由中央和地方共同负担,2006年9月15日,纺织品出口退税率由13%降至11%。

阶段三,2008年8月至今。2008年,为应对美国金融危机的消极影响,国家频繁地调整纺织品出口退税率,短短1年间,4次上调纺织品出口退税率,2008年8月,将部分纺织品、服装的出口退税率由11%提高到13%;11月,将部分纺织品、服装出口退税率提高到14%;2009年2月,将纺织品、服装出口退税率提高到15%;4月份则提升到16%。

出口退税率对绍兴县纺织品出口增长率有显著性影响作用,据测算,出口退税率每上升1%,下一年出口增长率增加14.54%,出口增长率对出口退税率变化反应非常敏感,由此反映绍兴纺织品出口对出口退税率依赖程度很强。出口增长率对出口退税率依赖现象在短期内可以解决外在冲击的威胁,但长期依赖出口退税政策来扩展外贸,实际上并不符合市场经济运行规律,最终难以培养出市场自适应,自调节的强势企业,不利于产品高级化和产业的转型升级,如何运用好、把握好出口退税率杠杆效应强度成为一项严峻的课题。

二、国际金融问题的影响

国际金融问题的冲击,也给绍兴市纺织产业集群带来新的考验。2007年夏,美国次贷危机全面爆发。此后,危机持续发展,导致大批美欧金融机构陷入困境甚至破产,最终在2008年9月升级为一场全面的金融危机,逐步向世界扩散并影响实体经济。2008年3季度,金融危机对我国经济的影响开始显现,外向度较高的长三角、珠三角地区出口型企业订单急剧缩减,数以万计企业纷纷倒闭。绍兴市纺织企业也逃脱不了厄运,10月7日,全国最大的印染企业——绍兴"浙江江龙控股集团"轰然倒塌,董事长陶寿龙携妻逃亡。10月11日,浙江绍兴最大的民营企业,亚洲最大的PTA供应商——"浙江华联三鑫集团"停产,濒临破产。数天之内,两家绍兴当地龙头企业相继"挂号",一度引发当地纺织业私营企业主们的恐慌。

金融危机对绍兴市纺织业的冲击,在柯桥纺织指数中的外贸指数中得到了充分的体现。如图8-5所示,2008年9月,金融危机全面爆发前,柯桥外贸景气指数和销售额指数从2008年6月到9月不断攀升,到9月份达到相应高位,分别为:1 877.03和2 748.5。金融危机全面爆发后,两外贸指数,特别是外贸销售额指数陡然下滑,2009年3月,外贸景气指数下降为938.75,较2008年9月份,下降了49.99%。外贸销售额下降指数相对滞后,到2009年4月份跌入低谷,下降为851.48,但波动幅度更大,较2008年9月份,下降了69.02%。另据统计,受金融危机影响,2009年1~2月份,纺织服装整体自营出口降幅大于全国14.2个百分点,其中面料类出口5.7亿美元,下降29.9%,服装出口4 107万美元,降幅较小,下降10.9%。金融危机虽对绍兴市纺织业产生了较为严重的冲击,但在2009年4月份以后,短短8个月左右时间,处于集群区的绍兴市纺织产业开始实现适应性调节,柯桥外贸指数在波动中逐步上升。2010年前两月,纺织服装出口额达10.67亿美元,同比增长74.89%,外贸出口强劲反弹,显示了集群的强大生命力。

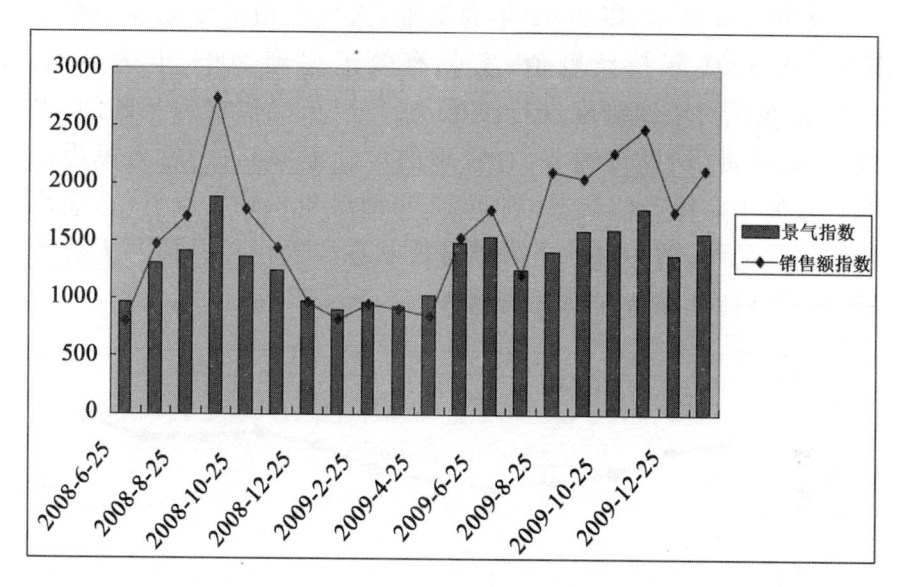

图8-5 柯桥纺织外贸指数变化情况

绍兴市纺织产业能在金融危机面前迅速反应调整,一方面离不开政府部门的规划调节,但另一方面,更为重要的是集群区多年来形成的一种自适应调节机制的作用,这种机制助推了绍兴市纺织产业集群的转型升级,是集群发展升级的根本动力机制。

三、人民币升值问题

近年来,人民币汇率问题一直是个敏感性的问题,经常听到人民币升值的言论,但具体人民币到底是升值还是贬值,有多大变动幅度,还需要具体考察一下近年来人民币汇率波动情况。实际有效汇率(间接标价法)能比较真实反映一国币值,不仅考虑了所有双边名义汇率的相对变动情况,而且还剔除了通货膨胀对货币本身价值变动的影响,能够综合地反映本国货币的对外价值和相对购买力。人民币实际有效汇率上升表示人民币升值,下降表示人民币贬值。

如图 8-6 所示,以 2001 年为基准,人民币币值变动经历两个阶段:从 2001 年持续贬值,实际有效汇率到 2005 年达最低。2005 年我国对汇率制度进行改革,实行以市场供求为基础的、参考"一篮子货币"进行调节、有管理的浮动汇率制,之后人民币汇率一直处于持续升值状态,到 2012 年前各年份均大幅升值,而后升值幅度趋缓,但一直处于微幅升值状态。人民币升值乃大势所趋,今后将持续保持强劲升值趋势。

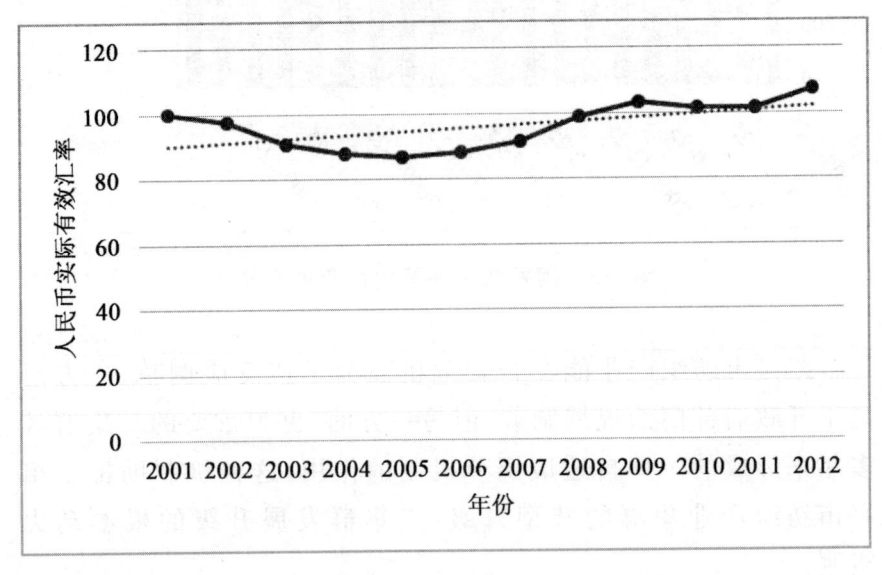

图 8-6　2001—2012 年人民实际有效汇率变动情况

人民币升值势必会对绍兴县纺织品出口产生影响,因为人民币升值,以外币标价的中国出口产品的价格要提升,降低中国出口产品的竞争力。另外一方面,纺织业的利润率一般较低,如图 8-7 所示,近年来绍兴市规模以上纺织企业的利润率集中在 3%～5%,特别是在 2004 年后,基本徘徊在 3% 左右。人民币币值如再继续升值的话,绍兴市很多纺织企业,特别是中小纺织企业将面临巨大冲击。寻找新的利润点,加快发展升级,成为绍兴市,乃至全国纺织产业的必由之路。

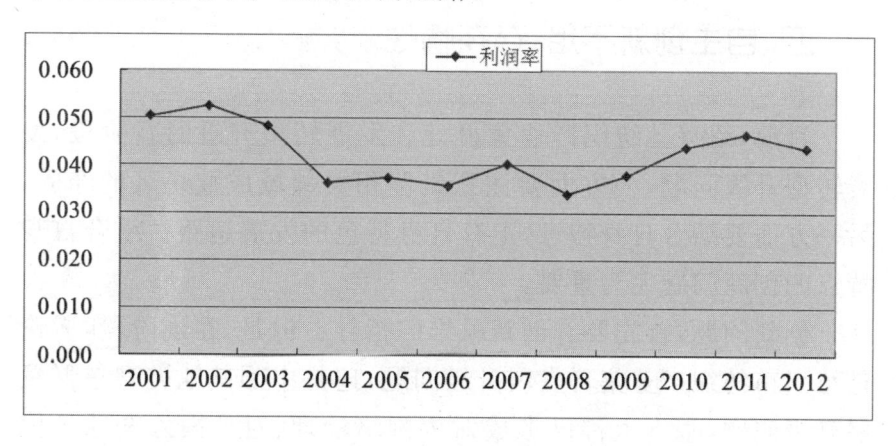

图 8-7 纺织产业利润率变动情况

如图 8-8 所示,在纺织业各子行业中,利润率由高到低依次为服装子行业、纺织子行业、化纤子行业,从 2001 年到 2012 年该格局始终不变,表明产品的附加值越高,利润率越高。另外,三大子行业中,纺织子行业的利润率波动相较其他子行业更平稳,说明纺织子行业的竞争力较强,面临各类冲击时的应对能力强。

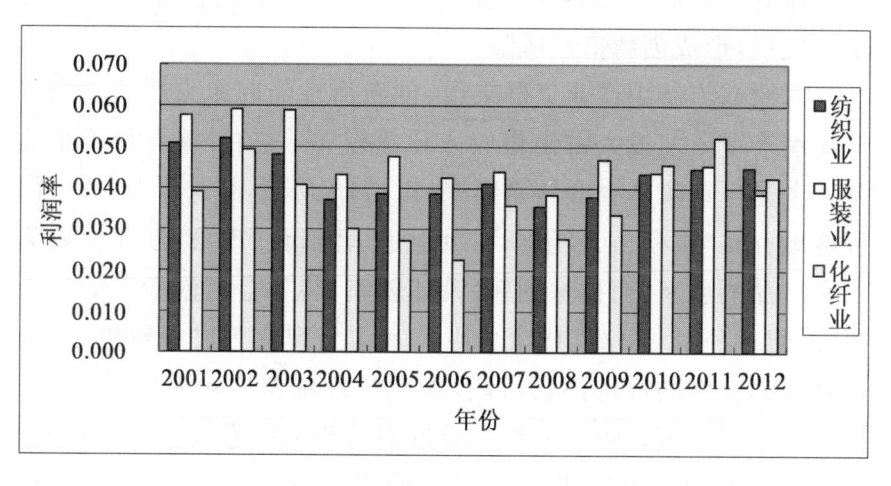

图 8-8 纺织产业各子行业利润率变动情况

四、自主创新不足,存在惰性

目前,绍兴县纺织产业集群处在发展转型升级的新阶段,发展转型升级问题,一方面要注意借鉴相关领域成败兴衰的经验,另一方面要结合自身特点,走有自身特色的发展道路。结合自身特点的创新问题尤为重要。

创新问题,首先要有创新思维的指导。但是,在现阶段,无论是绍兴市纺织产业集群发展升级问题,还是中国其他类型集群发展升级问题,基本上都已形成对内网络治理、对外嵌入全球价值链的分析模式。集群升级途径分析模式的形成,一方面说明集群升级研究已发展到一定阶段,形成一种共识,另一方面,分析模式的形成,从根本上讲是背离升级思想的。因为集群升级最终目的在于促使集群更快、更好地发展,获取更多利益,一切有利于集群发展的方式、途径都可加以利用。集群升级途径分析模式的形成,虽在具体分析中也涉及比较、借鉴的概念,但模式一旦形成,便排斥其他有利于集群实现更快、更好发展的方式,束缚创新思维的发展,形成创新惰性风险。

对绍兴市纺织产业集群来说,创新惰性问题尤为严重。绍兴市纺织产业研发投入占销售收入比重仅1%左右,重点骨干企业基本上是乡镇集体企业转制而来,以劳动、资金密集型为主,不同程度地存在"重模仿、轻创新""重引进、轻消化"现象,创新主要集中在产品的创新,而技术创新、设计创新、装备自主创新等能力不强,纤维差别化、织造功能化、服装家纺品牌化等进程较慢,仍处于产品和技术的模仿创新阶段,如化学纤维差别化率仅30%,与发达国家有较大差距。另据一份近期的相关问卷调查统计,企业采用新技术的主要形式46.1%靠购买新设备,35%靠仿制新产品;轻纺城市场内仅16.5%的产品技术居国际和国内领先水平,纺织企业中仅15.1%的产品技术居国际和国内领先水平;贸易企业中58.3%没有自主品牌,生产企业中64.8%没有自主品牌;研发投入占销售收入1%以下的纺织企业有31.8%,研发投入占比在3%以上的仅为16.1%。

五、产业链结构不合理

对绍兴市来说,纺织产业链主要由化纤业、纺织业(织造业、印染业)和服装业构成,虽整体比较完整,但内部结构并不合理。绍兴市大纺织产业各行业优势集中在化纤业和纺织业,在浙江乃至中国都占有举足轻重的地位。而服装作为大纺织产业链的终端环节,缺乏竞争力,目前仍以贴牌加工为主。

纺织产业链终端环节比例不协调,势必带来一系列的风险。首先服装是终端产品,更贴近消费者,贴近市场,因此服装对市场的反应更为敏感,市场需求变化首先要在服装业中得到反应。服装在当地市场比例过低,相应市场信息受制于外部市场,从而带来市场信息滞后性风险。其次,上游产品比例高,下游产品比例低,相应上游产品必过分依赖外地市场,引发外部依赖性风险,一旦外地市场出现危机,相应上游产品又无法退回本地市场,产品将大量滞销。

绍兴市大纺织业各子行业分布失衡源于其内部各子行业竞争状况的失衡,如表8-4所示。2012年,全市大纺织行业规模以上企业1 691个,化纤企业仅有178个,化纤、纺织、服装比例为11%：70%：19%。

表8-4 2009年纺织主要子行业企业个数   单位:个

子行业	企业个数	比例
化纤	178	0.105
纺织	1 191	0.704
服装	322	0.190
合计	1 691	1

在竞争充分的情况下,行业平均利润率一般是处于一个平稳的水平。如图8-9所示,绍兴市纺织业各子行业利润率由高到低

依次排序为服装业、纺织业、化纤业,且在整个期间保持不变。纺织业与服装业的利润率变动趋势相似,从2001年到2003年变动均较平稳,前者在5%左右变动,而后者则一直接近6%,2004年两者均急剧降低,分别下降到3.7%、4.3%,尔后均以此为中心小幅波动,说明纺织业与服装业均已进入了较成熟的充分竞争市场。而化纤业的利润率变动则较剧烈,在2002年达最大值4.95%,而后持续下降到2006年的2.25%,之后各年在3%上下波动,变动幅度较纺织业与服装业大,说明纺织产业三大子行业中相较而言化纤业竞争不充分。

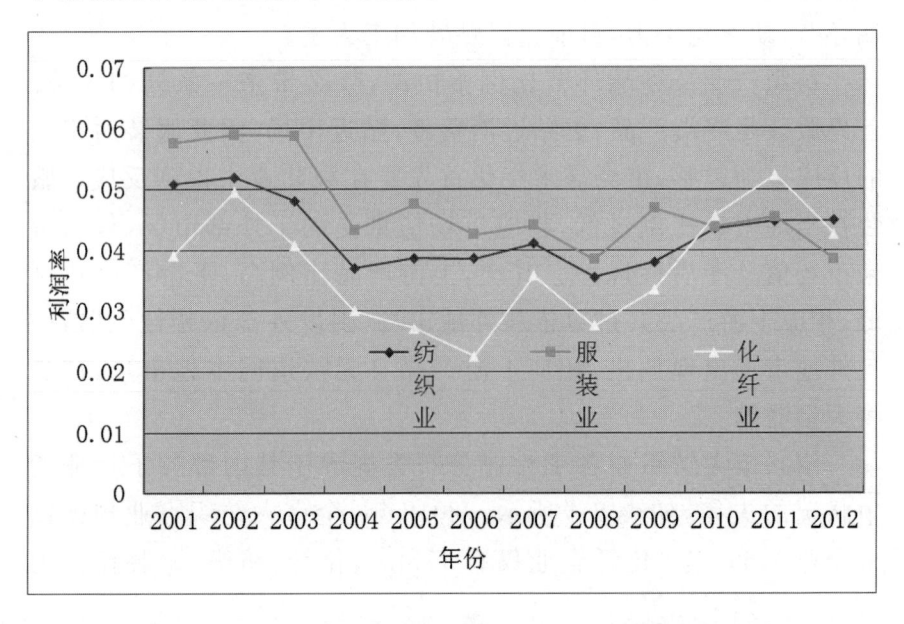

图 8-9 近年绍兴市大纺织业各子行业平均利润率波动情况

绍兴市纺织产业链中服装业竞争不足导致纺织产业链结构比例失调,从侧面角度指明了纺织产业集群竞争优势提升的空间。绍兴市纺织产业集群应重点在服装业引入更多的竞争,降低服装企业进入的门槛,调节纺织产业链竞争比例结构。

六、处于价值链的低端环节

纺织产业价值链主要由制造环节、研发设计环节、贸易中介环节和品牌环节构成,如图8-10所示。制造环节的价值最低,处于价值链的低端环节,主要分布在中国东部、印度、东南亚、东欧、北非和中南美国家。设计和贸易中介相应价值高一级别,处价值链中端,设计环节主要分布在法国、意大利、美国,而贸易中介主要分布在美国、中国香港、中国台湾、韩国、中东、日本等地区。研发和品牌的价值最高,处价值链最高端,主要分布在美国等发达国家。

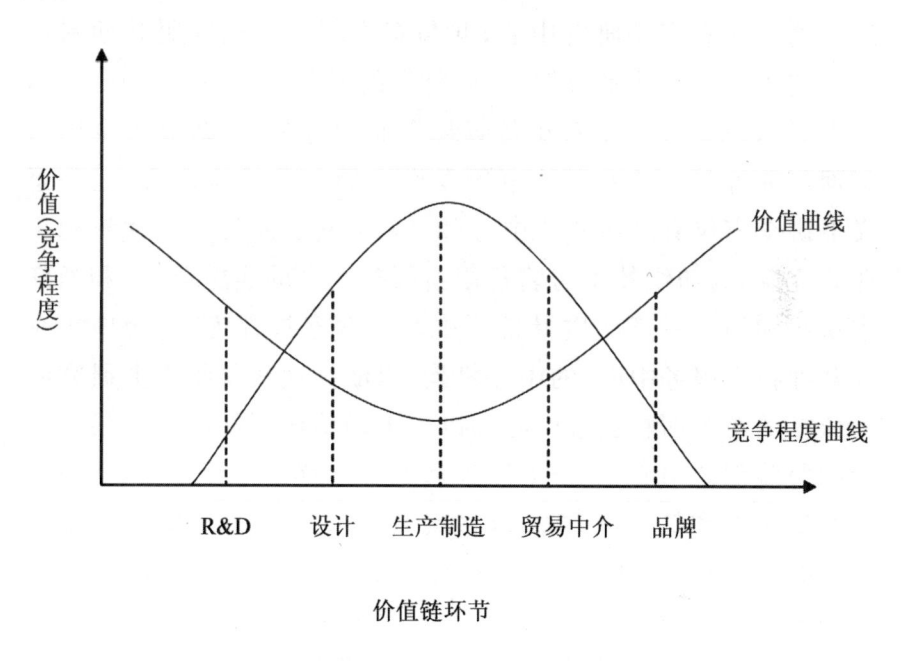

图8-10 纺织价值链曲线和竞争程度曲线

竞争程度曲线与价值曲线呈反向方向发展,价值链越高端,相应竞争程度越低,价值链越低端,相应竞争程度越高。对绍兴市纺织产业集群来说,虽然整条价值链各环节都有分布,且各环节竞争程度不均衡,但主要处在纺织产业价值链的制造环节,相应环节的竞争程度最高,处于竞争程度曲线的顶端,处于价值链低端。

绍兴市纺织产业在价值链各环节都有一定的分布,但处在纺织价值链中端和高端的环节相应的竞争力度远远不足,主要体现在：研发设计方面，纺织企业特别是大企业都有一定的投入，但比例太少，如浙江红绿蓝公司耗资近 1 000 万元，历时三年研发成功的"数码印花产业化技术"，垄断技术＋原创花样，使"红绿蓝"基本掌控雪纺、色丁产品的定价权，同样品种的布，价格比同行要高出 40％左右；天圣集团与日本丸红、韩国三星等国际闻名企业保持着长期的合作关系，共同开发新型原料和纺织新产品，每年开发新产品突破 1 000 个；钱清镇的"新乐纺织"，通过成立产品研发中心，并与意大利米兰国际服装面料设计研究中心展开技术协作，一年研发的衬衫面料超过 2 000 款，赢得了国内外 100 多家知名服装企业的订单，一跃成为全国衬衫面料前五强。就专门从事研发设计的中介机构而言，完整意义上讲全市仅有轻纺科技中心（2006 年发展浙江省现代纺织工业研究院，为纺织技术与装备创新服务平台的实施单位）和浙江省纺织和染化料产品质量检测中心这两家被评为"省级中小企业共性技术服务中心"的中介机构，以浙江现代纺织工业研究院为依托的纺织面料创意中心和以中国轻纺城家纺服装市场为平台的服装创意中心，竞争力度远远不足。贸易中介方面，全市也仅有轻纺城和钱清中国轻纺原料城有一定的贸易中介服务窗口，2009 年 1～6 月，新设境外窗口 14 家，窗口遍布全球近 40 个国家和地区，但累计窗口仅 230 家左右，竞争力度也远远不够。品牌方面，五洋纺织的"大提花贡缎"在尼日利亚市场树立了品牌，其产品价格就比同类产品高出 20％的价格；凤仪集团通过联手香港莎鲨，借梯高登，加速发展以品牌经营为核心的加盟经销商网络，自主品牌出口利润率至少提升 10％，但同样，数量太少，竞争力度太低。

在纺织价值链中端和高端相应的竞争力度不足，带来很多风险问题。首先，在中端和高端价值环节，竞争不足会导致企业缺乏创新压力，引发创新惰性风险；其次，中端和高端价值环节，竞争不足，会提高相应环节的价格和费用，加大处于价值链低端的制造环节整体价格和成本，从而使得最终产品缺乏市场竞争力，引发滞销风险。

绍兴市在纺织价值链中端和高端环节竞争程度的不足,同样从侧面角度指明了纺织产业集群竞争优势提升的空间。绍兴县应该在纺织价值链中端和高端环节,引入更多的竞争主体,降低进入门槛,实现充分有效的竞争。另外,由于研发设计方面风险较大,在相应环节引入竞争时,要加大财政补贴力度,最终使得整个价值链各环节都有较充分的竞争主体,实现充分有效地竞争,从而促进创新,促进集群的发展升级。

第三节 绍兴纺织品出口现状及实证分析

一、绍兴纺织品出口现状

"外贸兴则纺织兴,纺织兴则经济兴,经济兴则百业兴",纺织产业是绍兴的主导产业,纺织品是该市外贸的主导出口商品。绍兴市外贸出口的历史,实际上就是绍兴纺织品出口的历史。一方面,如图8-11所示,绍兴市纺织品出口额一直处于持续上升状态。2000年,绍兴市纺织品出口额4.746 5亿美元,到2012年则达128.821 1亿美元,13年间增长了21.14倍。而同期,绍兴总出口额从2000年的12.773 5亿美元一路增长到2008年的174.950 2亿美元,受2008年金融危机的影响,2009年总出口额又下降到157.614 9亿美元,尔后又逐渐上升到2012年的255.568 9亿美元。这充分表明绍兴纺织产业具备极强的国际比较优势,受2008年金融危机冲击较小。

另一方面,如图8-12所示,绍兴纺织品出口占总出口的比重。在2008年金融危机之前的各个年份,绍兴纺织品出口占总出口的比重,除2000年为37.16%,其他各个年份均在四成以上,从2000年逐年递升到2003年的59.03%,尔后又逐年递减到2008年的46.35%,2009年后又激增到61.54%,之后以相同的比例保持到2012年。这表明,从2003年开始,虽然绍兴市纺织品出口额与总出口额均逐年增长,但随着绍兴经济的不断发展,其出口贸易更趋多元化,从而纺织品出口贸易所占比重逐年下降。2009年纺织品出口比重的剧增,则显示受金融危机影响,绍兴整体出口贸易受挫,而纺织品贸易一枝独秀,这从另一方面进一步佐证了绍兴纺织产业在国际上具备较强的绝对优势与比较优势。

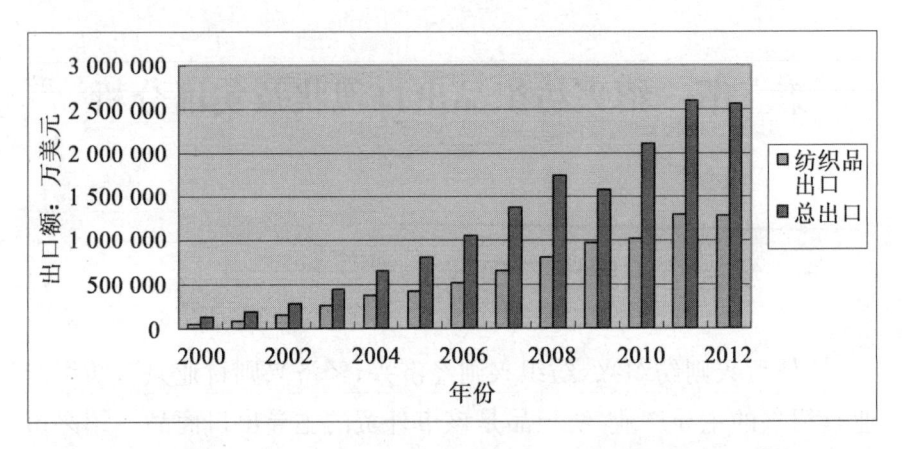

图8-11 历年绍兴市纺织品出口及总出口情况

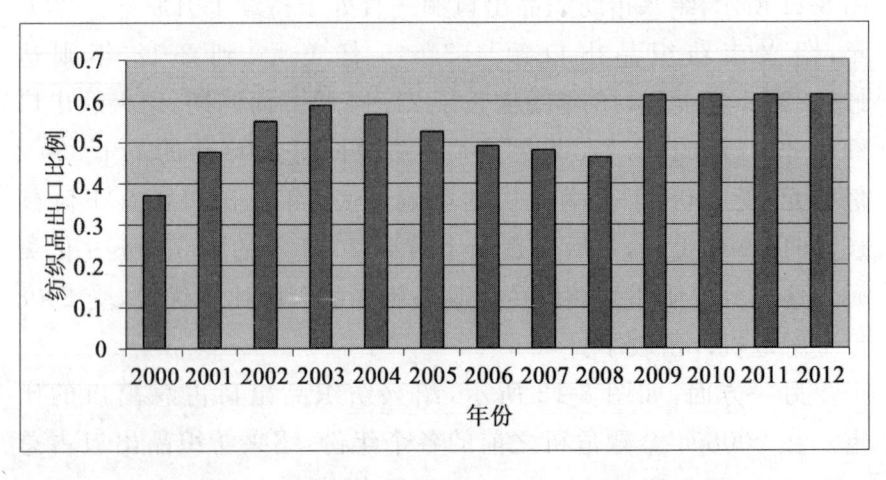

图8-12 历年绍兴市纺织品出口比例变动情况

二、绍兴纺织品出口实证分析

在开放的经济大环境中,影响绍兴市纺织业产品出口的因素很多,且这些因素间也存在复杂的相互关系。为简化模型,本文从绍兴市纺织产业面临的外部冲击、产业内生综合国际竞争力,考察各因素对该市纺织产业出口贸易的综合影响,以理清各因素间作用的内在机理。

从已有文献看,目前尚无理想的模型能准确表征开放条件下各内、外部变量与纺织品出口贸易之间所存在的复杂关系,且较难判断各变量的内生性与外生性。基于此,为进一步深入展开研究,本文从出口退税率、人民币实际有效汇率、纺织产业劳动生产率等几个主要和重要的因素入手,采用线性回归模型考察各内外部冲击对绍兴市纺织品出口贸易的综合影响。

(一)变量选取与说明

本模型中包括纺织品出口额、人民币实际有效汇率、纺织产业劳动生产率(劳动生产率指劳动者在一定时期内创造的劳动成果与其相适应的劳动消耗量的比值。其可以用同一劳动在单位时间内生产某种产品的数量来表示,单位时间内生产的产品数量越多,劳动生产率就越高;也可以用生产单位产品所耗费的劳动时间来表示,生产单位产品所需要的劳动时间越少,劳动生产率就越高。TE_t 表示纺织品出口额,由绍兴市大纺织业各子行业(纺织业、服装业、化纤业)年出口额加总而得,数据源于《绍兴统计年鉴》。$REER_t$ 表示人民币实际有效汇率(间接标价法),为绍兴市纺织品出口面临的外部冲击的代理变量,数据来自国际清算银行网站(www.bis.org),由各月度数据平均而得年度数据。以2001年为基准,$REER_t$ 上升表示人民币升值,下降表示人民币贬值。

LP_t 表示纺织产业劳动生产率,是由绍兴市纺织产业的资源禀赋、研发投入、人力资源、资本积累与生产技术等决定的纺织业国际竞争力的综合代理变量。全员劳动生产率等于工业增加值除以全部从业人员平均人数,由于绍兴纺织业工业增加值年度数据仅可得部分年份(2002、2004、2005、2006),其余年份不可得,故本文使用绍兴市纺织工业总产值现行价作为其替代变量,计算而得纺织产业劳动生产率,各数据均源于《绍兴市统计年鉴》。

本文样本区间为2001年至2012年,各变量均为年度数据,共12个样本点。为了统一量纲并减少误差方差,分别对TE_t(纺织品出口额)、LP_t(纺织产业劳动生产率)取自然对数,并在其前面加字母L取自然对数。

(二)模型分析

根据以上分析,建立计量模型如下:

$$LTE_t = \beta_0 + \beta_1 REER_t + \beta_2 LLP_t + \varepsilon \qquad (8\text{-}1)$$

利用Eviews 8.0软件,对式(8-1)进行回归估计,结果如下:

$$LTE_t = 7.5926 - 2.65 REER_t + 2.123 LLP_t + \varepsilon \qquad (8\text{-}2)$$

$$S.E. \quad (1.0540) \quad (0.0130) \quad (0.2120)$$

$$T \quad [7.20] \quad [-2.05] \quad [10.01]$$

$$R^2 = 97.63\% \quad F = 68.76 \quad D-W = 1.88$$

模型回归结果显示,R^2为97.63%,拟合程度较高,表明模型的解释能力较强。中括号中表示的是参数的T统计量,可以看出,各变量均显著;F统计量为68.76,表明模型总体上也显著。

模型回归结果显示人民币实际有效汇率(REER)对绍兴市纺织品出口有显著的负向作用,效应较强,即人民币实际有效汇率每提高(升值)1个百分点,绍兴市纺织品出口减少2.65个百分点。纺织业劳动生产率(LLP_t)对绍兴市纺织品出口增长(LTE_t)也有显著的正向推动作用,即劳动生产率(LLP_t)每提高1个百分点,该市纺织品出口增长率提高2.13个百分点。

(三)结论及分析

本文从纺织产业面临的外部冲击、产业综合国际竞争力视角出发,考察各因素对绍兴市纺织业产品出口贸易的综合影响。通过上文分析得知,由纺织业自身发展形成的综合国际竞争力(以纺织业劳动生产率为代表)也形成了纺织产业出口贸易增长的内生动力。以人民币有效汇率(REER)为代表的外部因素对绍兴市纺织品出口造成较大冲击,其负面效应较强。

此因源于纺织产业价值链主要由制造环节、研发设计环节、贸易中介环节和品牌环节构成,且各环节竞争程度不均衡。而绍兴市纺织产业虽然在整条价值链各环节都有分布,但主要处在纺织产业价值链的制造环节。制造环节的竞争程度最高,处价值链的低端环节,价值最低,利润率极低,抵御外部冲击与风险的能力极弱。这不利于绍兴纺织业的健康可持续发展,阻碍了纺织业产品的出口贸易。

第四节 绍兴纺织产业升级路径探析

纺织产业作为绍兴市国民经济的重要组成部分,是经济增长的重要推动力,是吸收就业的主要渠道。大力发展纺织产业是解决我市当前日益恶化的失业问题和经济增长缓慢,市场缺乏活力等问题的重要手段。但是,纺织产品技术含量低、附加值低,在全球价值链中处在低端,产业结构不合理等不利因素仍是阻碍绍兴市纺织产业发展的主要"瓶颈",因此,如何解决纺织产业转型问题已经引起社会各界的广泛关注,也是当务之急,解决这一难题是一项复杂的工程,必须由国家,地方政府、企业、科研院所、社会等多方面共同努力。

产业升级是经济界研究的热点议题,但理论界对其理解不尽一致。有的称为产业结构高级化和高度化(减旭恒,2002),有的叫做产业结构优化。产业经济学一般认为,产业升级是指产业由低层次向高层次的转换过程,不仅包括产业产出总量的增加,而且包括产业结构的高度化(高秀艳,2004;郭慧敏,2010)。产业集群研究的兴起，又将集群内外网络关系的形成和发展、促进区域创新系统、提升地方生产要素水平、改善政府执政能力作为产业升级的重要落脚点（陈雪梅、陈鹏宇，2005）。产业升级具体体现在：凡凭借研究发展、技术输入、技术合作、技术购买、专利授权、自动化生产技术或设备、工业设计、人才培训、建立国际品牌形象等方式，达到技术水准提升、产品质量改良、新产品出现、产品附加值提高、工业污染减少等目的，以促进产业结构优化、经营模式及生产方式改善（部关荣，2006）。从全球价值链角度来看，以企业为中心、由低级到高级的产业升级可分为四类：制程升级、产品升级、功能升级和链的升级。

关于如何实现产业升级，各学者从不同的层面进行了研究。一是对宏观经济转型升级的研究。如对整个中国经济转型的研究或者对区域经济转型的研究或者对某个城市经济转型的研究（张蕴如，2001；汪素芹、胡玲玲，2007）。这些研究主要侧重于对宏观经济转型的研究，没有针对具体产业升级和企业转型提出相应的路径选择。二是对某个行业或某种贸易方式转型升级的研究（王永华、俞鸿、沈海风，2009；李思淼，2009）。这些研究侧重于对某个行业或贸易方式的研究，鲜见对某一产业的研究。三是对转型升级的路径的研究，如陈小洪（2009）、顾骅珊（2009）等学者都是从不同的侧面针对产业升级的某个路径或方式做了专门的研究。

这些研究对本课题的开展提供了借鉴和参考意义，本文将在此基础上着重研究符合绍兴纺织产业升级发展规律，适合绍兴企业自身特点的路径，为企业转型升级提供智力支持。本课题针对绍兴的传统支柱产业——纺织产业的研究，既体现了地域特色，又切合了绍兴纺织产业发展的焦点问题——转型升级，因此本课题的选题既符合了经济发展的趋势，又体现了产业发展的要求。

一、我国纺织业升级的路径研究综述

在纺织业升级中，不仅要重视技术的开发、引进和创新、人员素质的提高、制度的创新与结构调整等内生性变量,也应着重于从市场需求、劳动力相对成本、其他产业的发展和产业政策等外生性变量来分析(贾艳玲等,2004)。

发达国家或地区纺织产业升级的主要方法和途径一是通过纺织产业组织结构的优化来提高竞争力以实现产业间结构的升级与转移的;二是通过科技进步对传统纺织业的改造和升级(黄先海,1998)。Jimmi K. C. Lam(2006)通过对香港的纺织服装业进行研究,认为香港纺织服装业通过供给链管理提高了效率,增强了竞争力。对发展中国家来说,外国投资、技术转移、观察中学习对于服装贸易产业的出口升级起着促进作用(Andrewschrank,2004)。

宋红军(2006)通过对我国加工贸易进行研究提出了建立推动加工贸易转型升级的政策促进体系,特别是外商投资优惠政策,提高引进外资的质量、加强技术研发和创新能力、大力吸引大型国际跨国公司研发机构向我国转移、积极创造我国境外加工贸易发展的有利条件、加大人才引进与培养力度等实现转移升级的策略。邹关荣(2006)则提出了OEM＋弹性、OEM＋设计、OEM＋运筹、OEM＋品牌等四个升级优化模式和强化"微笑曲线"中制造功能的专属优势、渐进抬拉曲线左端的创新优势、渗透确立曲线右端的通路优势等三个升级发展策略。

我国服装企业在全球价值链上处于低端环节,嵌入全球价值链后,应采取基于技术能力、市场扩张能力以及技术和市场能力二者组合的三种企业升级路径。为提升纺织业国际竞争力,我国应注重产业空间布局的聚集、优化产业结构和产品结构、打造相互依存的产业体系、加快区域品牌建设等。大多数本土纺织企业尚未切入主流的全球价值链,国际竞争力非常脆弱。强化制造环节,做强OEM,积极主动地进行超越代工所要求的学习,通过额外的学习为未来的OBM做好准备,创建基于大国优势的本土品牌,这是一条贴近我国服装产业现状的发展之路。

二、绍兴市纺织产业转型升级路径选择:基于全球价值链视角,中小企业应分层级、全面地实现转型升级

(一)国家或政府层面

体制转型升级:创新激励机制、市场引导机制、产业结构优化机制、市场需求长效机制、社会服务保障机制、产权保护机制等都要相应地完善与升级。

需进一步完善大陆生产力促进中心的建设、产学研合作机制的提升。中国台湾具有良好的中小企业发展经验,如其闻名的"企业顾问师",大陆应当积极学习,展开合作,实现两岸中小企业共同转型升级。

(二)区域层面

(1)产业集群转型升级。产业集群不是企业的地理"扎堆",也不是"园区化",而是需通过集群品牌打造核心竞争力,形成竞争优势和比较优势,以品牌建设促进产业集群发展,使得产业集群内部在分工基础上竞争性合作,共同拉长产业链,促进产业集群由发展、培育阶段向成熟阶段发展。

(2)产业转移升级。企业将产品生产的部分或全部由原生产地转移到其他地区叫产业转移,也即"腾笼换鸟"。产业转移应同"走出去"战略相结合实现升级。我国率先发展的东部地区,土地资源紧缺、劳动力成本上升,企业发展到一定层次之后,就有了将低端制造环节转移出去的内在要求。从劳动力成本角度看,中西部劳动力成本相对较低。而一些发展中国家,如墨西哥、东欧和东南亚的越南、缅甸等国家,工资水平较国内更低。这些国家的投资环境不断改善,劳动力素质不断提高,比较优势日益凸显。因此,中小企业在进行产业转移中不仅可向中西部地区转移,更重要的是实行"走出去"战略,合理布局世界,实现国际资源的有效配置。转出地发展先进制造业和生产性服务业、战略型新兴产

业、高新技术产业等，向品牌、研发、物流、营销等高端环节升级；承接地利用成本低、原材料丰富、市场广阔优势，发展低端制造业、劳动密集型、资源能源消耗高产业，通过原材料采购、销售等向两端横向延伸价值链，最终完成产业结构转型升级。

（三）行业中观层面

（1）工艺流程升级。采用更为先进的生产方式，提高生产效率，改进生产质量，达到生产线整体转型升级。

（2）功能升级。从产业链所处位置加工制造向两端（研发与营销）横向转型升级，包括加工贸易由OEM到ODM或OBM转型升级。

（3）跨产业（产业链）升级。传统制造业、新兴产业、服务业等产业内部或产业间相互融合，实现跨产业转型升级；着力促进加工制造向高新技术产业发展，使产业链纵向升级。

（四）企业微观层面

作为企业，最核心的是做好产品创新。产品转型升级离不开企业制度、管理水平和技术能力升级。中小企业需优化产品结构，提高产品品质，增加产品的技术含量和附加值，提高产品的国际竞争力和抗风险能力。

三、积极调整走出去战略，开拓新兴国际市场

未来5~6年人民币虽仍将升值，但幅度减弱、振幅加大。人民币升值对我国中小企业的影响是多方面的。短期会抑制我国出口的增长，使出口利润下降；但长期看，人民币升值意味着中国各种资源价格相对上升，有利于加快我国产品结构的调整和优化，对产业调整产生积极影响。人民币升值也意味着中国企业到海外投资的成本下降，可以较低成本获取外国当地资源，降低了对外直接投资成本，鼓励企业扩大对外直接投资。境外直接投资

实现了人民币的投资输出,不但增强人民币在境外的流动性,缓解巨额外汇储备压力,且顺应人民币国际化从"贸易项下流出、资本项下回流"变为"资本项下流出,贸易项下回流"的推进思路。

在人民币国际化背景下,绍兴中小纺织企业国际化的途径增多。首先,中小企业除了传统的进出口贸易外,可选择多种对外投资模式,采取投资办厂、跨国购并、股权置换、境外上市、设立研发中心、创办工业园区、建立国际营销网络等多种形式进行对外投资,企业可依自己的情况循序渐进的推进。鼓励重点发展境外加工贸易,推动有条件的企业以成熟技术和设备开展对外投资合作,促进经济结构调整和产业升级。

其次,我国中小企业增加人民币结算,不仅能让企业直接规避汇率波动风险,锁定收入并降低成本,还有助于推进人民币国际化,因任何货币的国际化都须从作为贸易结算货币开始。

再次,随着人民币国际化的进程,未来以人民币计价的金融产品将越来越多。中小企业还能通过金融产品来规避由人民币升值引起的汇率风险。1997年,中国人民银行推出远期结售汇业务;2005年8月又适时推出了人民币货币掉期业务。此外还有出口商业发票融资业务,提前收汇来规避汇率风险。中小企业若能具备汇率风险意识,合理利用上述金融产品,必能减少国际化进程中的风险。

四、正确实施价值链"切片"外移路径

上面,我们从国家、区域、行业和企业层面提出了全面协调的转型升级路径,各路径相互协调、配合,共同实现转型升级之路。在未来人民币国际化背景下,中小企业应抓住转型升级的契机,立足于全球生产网络,为布局全球做好准备。下面从价值链"切片"理论探索中小企业转型升级的国际路径。

对于价值链"切片"外移,主要有价值链模块化、梯度转移理论和日本学者小岛清提出的雁行模式。价值链"切片"外移是指

第八章 全球价值链视角下绍兴纺织产业升级实例分析

把价值链中间部分的加工制造环节转移到其他劳动力和资源价格低廉、政策优惠的国家和地区，而把研发、设计、销售、品牌服务等高附加值的环节留在本国和本地区的产业转移现象。梯度转移理论是以弗农等人的产品生命周期理论为基础的，主张应首先加快发达地区经济的发展，再向较发达和欠发达地区转移产业和要素，以推动整体经济发展。这些理论的缺陷主要是其立足于垂直型国际分工角度。随着经济一体化的发展，水平型国际分工越来越重要，目前发达国家以混合型国际分工为主。

从国际经验来看，美国、韩国、新加坡、日本、中国台湾等发达国家和地区都经历了产业转型升级的历程，实现了国内和国际梯度转移过程。他们早先将低端环节制造产业转移到中国、印度、非洲等地。我们应紧紧围绕人民币国际化进程，实现中小企业转型升级。目前人民币正走向区域化，扩大了人民币跨境结算试点范围，与周边东盟、东南亚等国家签订了一系列货币清算、双边互换协议等，未来可能与更多欧洲、非洲等国家签订协议。有实力的中小企业在进行产业转型升级中应充分利用这一趋势，与发展水平相近国家加强产业合作，实施"走出去"战略，投资拉美、非洲、中东、东欧、东南亚、中亚等国际新兴市场。

中小企业产业转移不仅是从东部向中西部梯度转移，更应注重全球化布局，进行海外扩张，向境外综合成本低的国家或地区转移，鼓励发展境外加工贸易企业，注重水平与垂直分工相结合。中小企业可采用对外直接投资方式，在海外建立子公司、分公司；或者通过抱团合作、海外并购方式，对国外品牌、渠道、专利、研发力量和原材料等国际资源，进行参股或者收购，与国外企业开展多种形式的合作。例如与非洲国家加强石油勘探合作，与东南亚国家加强第三产业合作等。国际金融危机加速了全球产业价值链重组进程，我国中小企业要抓住国际产业新一轮转移机遇，尤其是抓住服务外包这一新兴行业市场机遇，积极开拓国际服务业市场。

五、绍兴纺织企业要大力推进技术创新

技术创新在国内外知名企业的成长过程中起着不可估量的作用。正因为有技术的支撑作用,企业才能经久不衰,永保竞争优势地位。技术创新,是企业拥有的一种别人所没有的核心技术,导致它的竞争力极强,甚至可以垄断。像英特尔公司的计算机芯片、微软公司的软件、柯达公司的感光胶片等等都是高科技的结晶,没有高科技做坚强的后盾,想保持永久的市场发展空间是难上加难。企业的技术创新能力包括企业的研究与开发能力、产品和技术创新能力。技术创新能力的高低决定了企业将技术资源向技术优势转化的能力水平。技术创新能力对于企业获得持续竞争优势,在市场竞争中始终保持立于不败之地尤为重要。此外,要将技术优势转换为企业的全面竞争优势,则还需企业其他方面的辅佐。

六、绍兴纺织企业要快速提升企业的核心竞争力

企业的竞争本质就是科技能力和科技人才的竞争,企业的技术能力直接决定着企业的市场竞争力。企业有了较强的技术能力,能够研制开发并生产出满足市场需求的高技术高质量的产品,就能不断提高自己的市场竞争力。而提高企业的技术能力,第一,要建立和完善企业技术管理体系。大型企业应建立自己的技术研发中心,不断加强技术开发力量,加大技术研发资金的投入,加快开发具有自主知识产权的技术和主导产品。有条件的企业,可以到世界科技开发的前沿建立技术开发机构,实现技术资源共享和优化配置。第二,要积极探索新技术管理模式。开展多种形式的产学研结合,吸引科研机构和大学的科研力量进入企业,组织力量对一些重要领域的关键技术难题进行联合攻关,实现技术上的突破与跨越,促进科技成果向现代生产力转化。

参考文献

[1]周应恒,耿献辉.涉农产业经济学[M].北京:科学出版社,2014.

[2]龚仰军.产业经济学教程[M].上海:上海财经大学出版社,2014.

[3]张玉冰,许罗丹.产业经济学[M].北京:机械工业出版社,2013.

[4]卢福财.产业经济学[M].上海:复旦大学出版社,2013.

[5]刘志迎.现代产业经济学教程[M].北京:科学出版社,2013.

[6]刘树林,牛海涛等.产业经济学[M].北京:清华大学出版社,2012.

[7]聂亚珍,陈冬梅.产业经济学[M].北京:光明日报出版社,2011.

[8]陈保启.产业经济学[M].北京:经济科学出版社,2013.

[9]芮明杰.产业经济学[M].上海:上海财经大学出版社,2011.

[10]陈保启,杨丽.产业经济学[M].北京:经济科学出版社,2011.

[11]赵玉林.产业经济学[M].武汉:武汉理工大学出版社,2008.

[12]徐传谌,谢帝等.产业经济学[M].北京:科学出版社,2008.

[13]谢勇,柳华.产业经济学[M].武汉:华中科技大学出版

社,2008.

[14]魏农建,谷永芬.产业经济学[M].上海:上海大学出版社,2008.

[15]骆品亮.产业组织学[M].上海:复旦大学出版社,2005.

[16]马建堂.结构与行为:中国产业组织研究[M].北京:中国人民大学出版,1993.

[17]李悦.产业经济学[M].北京:中国人民大学出版社,2004.

[18]杨公仆.产业经济学[M].上海:复旦大学出版社,2005.

[19]王述英.产业经济学[M].北京:经济科学出版社,2006.

[20]苏东水.产业经济学[M].北京:高等教育出版社,2005.

[21]唐晓华.产业经济学教程[M].北京:经济管理出版社,2007.

[22]董长瑞,周宁.微观经济学[M].北京:经济科学出版社,2007.

[23]唐利如.产业集群的竞争优势[M].北京:中国经济出版社,2010.

[24]臧旭恒.产业经济学[M].北京:经济科学出版社,2005.

[25]干春晖.产业经济学教程与案例[M].北京:机械工业出版社,2006.

[26]简新华.产业经济学[M].武汉:武汉大学出版,2001.

[27]肖海林.企业战略管理[M].北京:中国人民大学出版社,2008.

[28]邬义钧,邱钧.产业经济学[M].北京:中国统计出版社,2007.

[29]王子林,张昌彩、沈琦.企业并购重组与国有资产结构优化[M].北京:经济科学出版社,2000.

[30]干春晖.资源配置与企业兼并[M].上海:上海财经大学出版社,1994.

[31]黄中文,杜昱,陈易安.企业并购:理论与实践[M].北

京:社会科学文献出版,2008.

[32]林新.企业并购与竞争规制[M].北京:中国社会科学出版社,2001.

[33]余荣华.产业集群风险传导与扩散理论研究[M].北京:经济管理出版社,2008.

[34]巨荣良.现代产业经济学[M].济南:山东人民出版社,2009.

[35]王俊豪.现代产业组织理论与政策[M].北京:中国经济出版社,2000.

[36]李秀芳.中国对外贸易环境新变化与外贸发展战略[J].经济研究,2007(6).

[37]詹正华,孙宁,诸士义.征收碳关税对我国进出口贸易的影响——以我国纺织品贸易为例[J].当代经济,2011(16).

[38]工业信息化部.纺织工业"十二五"发展规划[J].江苏纺织,2012(2).

[39]杨继军,范从来.刘易斯拐点、比较优势蝶化与中国外贸发展方式的选择[J].经济学家,2012(2).

[40]魏欣.WTO框架下中国纺织品贸易问题之研究[J].法制与社会,2011(7).

[41]唐铁球.中国制造业参与产品内分工与贸易的动因与收益研究[D].浙江大学,2011.

[42]徐芃,李晏墅.中国纺织业在后危机时代的转型与升级[J].商业研究,2010(11).

[43]毛蕴诗,金娅婷,吴东旭.从我国台湾地区纺织业经验看大陆企业转型升级[J].当代经济管理,2011(8).

[44]宋玉华.世界经济失衡下中国开放经济发展模式研究[D].浙江大学,2010.

[45]中共绍兴市委党校课题组.浙江省传统产业转型升级的实证分析——以绍兴市纺织工业为例[J].浙江社会科学,2010(9).

[46]于斌斌,鲍熹懿.专业市场与产业集群互动发展的机理

与对策研究——以绍兴纺织工业为例[J].未来与发展,2010(9).

[47]郝洁.加快转型升级实现纺织业更高水平持续发展[J].纺织服装周刊,2012(4).

[48]孙华平,谢子远,孙莹.基于全球价值网的产业集群升级研究——以绍兴纺织业集群为例[J],华东经济管理,2012(5).

[49]卜学琴.全球生产网络与中国产业升级研究[D].暨南大学,2007.

[50]孔德明.影响绍兴市纺织品出口的因素及应对[J].现代企业,2010(8).

[51]王传宝.全球价值链视角下地方产业集群升级机理研究[D].浙江大学,2009(5).

[52]张杰.基于全球价值链视角的浙江纺织业转型升级的路径、机制及对策研究[D].浙江理工大学,2010(6).

[53]孙华平.产业转移背景下产业集群升级问题研究[D].浙江大学,2011.

[54]郭慧敏.开放经济下浙江纺织服装业转型升级研究[D].浙江大学,2010.

[55]汪靓.浙江省产业结构升级的实现路径[D].浙江工商大学,2006.

[56]丁志生.开放经济背景下绍兴县纺织产业集群升级研究[D].浙江工业大学,2010.

[57]孙晶等.中国企业国际市场竞争比较分析[J].商场现代化,2012(6).

[58]冯燕等.谈中国企业的软肋——核心竞争力[J].现代企业教育,2009(16).

[59]段育鹤.中国纺织服装业国际竞争力分析[D].苏州大学,2004.

[60]高秀艳.国际产业转移与我国产业升级问题探析[J].国际经贸,2004(5).

[61]李建中.浙江产业转型升级的若干问题[J].政策瞭望,

2009(4).

[62]过慧敏.开放经济下浙江纺织服装业转型升级研究[D].浙江大学,2010.

[63]John. R. Bender. Technology Unskilled Laborand the Deeline of New England Cotton Textile[J]. The University Of Chicago,1986(7).

[64]王保忠,何炼成,李忠民.低碳经济背景下区域产业布局优化问题研究[J].经济纵横,2013(3).

[65]胡宗义,刘亦文,唐李伟.低碳经济背景下碳排放的库兹涅茨曲线研究[J].统计研究,2013(2).

[66]田晖.低碳经济背景下我国低碳消费探析[J].林业经济,2013(6).

[67]王凯伟,毛星芝,罗鸽希.低碳经济发展的研究现状与趋势展望[J].经济学动态,2012(9).

[68]梁萍.低碳经济实证及对策研究——以云南为例[J].经济观察,2013(7).

[69]赵敏,张卫国,俞立中.上海市能源消费碳排放分析[J].环境科学研究,2009(8).